名探偵
コナンの10才までに覚えたい難しいことば1000

原作 青山剛昌
監修 戸谷述夫
(共立女子中学高等学校教諭)

小学館

はじめに

　みなさんは毎日《まいにち》、どんな場面《ばめん》で、新《あたら》しいことばに触《ふ》れているでしょう？

年上《としうえ》の人《ひと》たちの会話《かいわ》を聞《き》いたとき、本《ほん》を読《よ》んだとき、テレビから聞《き》き慣《な》れないことばが流《なが》れてきたとき――。

実《じつ》にたくさんの新《あたら》しいことばに、出会《であ》っているに違《ちが》いありません。


　そうして出会《であ》った新《あたら》しいことばの意味《いみ》を理解《りかい》して、さらに文章《ぶんしょう》に書《か》いたり話《はな》したりして、実際《じっさい》に使《つか》ってみる。それが「ことばを増《ふ》やす」、つまり語彙力《ごいりょく》を高《たか》めるということなのです。

この本《ほん》には、みなさんの語彙力《ごいりょく》を高《たか》めるための新《あたら》しいことばが、1000語《ご》掲《けい》載《さい》されています。名詞《めいし》・形容詞《けいようし》・動詞《どうし》などの単語《たんご》だけでなく、慣用句《かんようく》、ことわざ、四字熟語《よじじゅくご》、カタカナのことばなどもあります。小学校低《しょうがっこうてい》・中学年《ちゅうがくねん》のみなさんにとっては、少《すこ》し難《むずか》しいと感《かん》じられることばも多《おお》いかもしれませんね。

でもそれらのことばを自分《じぶん》のものにしたときに、あなたは自身《じしん》の成長《せいちょう》を感《かん》じることができるでしょう。新《あたら》しいことばを知《し》るということは、新《あたら》しい世界《せかい》を知《し》ることでもあるのです。

中学受験《ちゅうがくじゅけん》を考《かんが》えているみなさんにも、もちろんこの本《ほん》は大《おお》いに役立《やくだ》ちます。中《ちゅう》学入試《がくにゅうし》で求《もと》められる読解力《どっかいりょく》や表現力《ひょうげんりょく》のベースには、語彙力《ごいりょく》があります。ですから語彙力《ごいりょく》を高《たか》めることで国語《こくご》の力《ちから》はつきますし、ほかの教科《きょうか》の理解力《りかいりょく》もアップします。学力全体《がくりょくぜんたい》を底上《そこあ》げする教材《きょうざい》のひとつとして、この本《ほん》をぜひご活用《かつよう》ください。

コナンとその仲間《なかま》たちが、みなさんの語彙学習《ごいがくしゅう》をきっと楽《たの》しくナビゲートしてくれるでしょう。

(小学館国語辞典編集部《しょうがくかんこくごじてんへんしゅうぶ》)

まんがの状況《じょうきょう》に当《あ》てはまる文《ぶん》になるように、ア〜オからふさわしいことばをひとつ選《えら》びましょう。

17

[　] に当《あ》てはまることばを、ア〜オからひとつずつ選《えら》ぼう。

(1) 調査《ちょうさ》の結果《けっか》が [　] される。

(2) 無理《むり》やり話《はなし》の [　] を合《あ》わせる。

(3) 私《わたし》があの人《ひと》に [　] とは少《すこ》しも思《おも》っていない。

(4) 朝《あさ》の出《で》かけるまでの時間《じかん》は、いつも [　] 。

(5) テストで [　] よい成績《せいせき》が取《と》れてよかった。

ことば

ア 思《おも》いのほか　イ あわただしい　ウ 公表《こうひょう》

エ つじつま　オ おとる

38ページの答《こた》え　(1) ウ　(2) エ　(3) ア　(4) オ　(5) イ　40

(1)〜(5)のそれぞれが意味《いみ》の通《とお》った正《ただ》しい文《ぶん》になるように、ア〜オからことばをひとつずつ選《えら》びましょう。

このページの正解《せいかい》は、2ページ後《あと》にあります。問題《もんだい》を解《と》いたら、確認《かくにん》しましょう。

『名探偵《めいたんてい》コナン』のまんがの一場面《いちばめん》です。これを参考《さんこう》にして、正《ただ》しい文《ぶん》を完成《かんせい》させましょう。

まんがでチェック！

□に当《あ》てはまることばを、右《みぎ》ページのア～オから選《えら》ぼう。

コナンが新一《しんいち》なら□が合《あ》う。

ことばの意味《いみ》

ア 思《おも》いのほか
予想《よそう》とちがって。案外《あんがい》。意外《いがい》に。

イ あわただしい
いそがしくて落《お》ち着《つ》かない。

ウ 公表《こうひょう》
世《よ》の中《なか》に広《ひろ》く発表《はっぴょう》すること。

エ つじつま
合《あ》うべきところがちゃんと合《あ》うはずの、物《もの》ごとの道筋《みちすじ》。

オ おとる
ほかに比《くら》べて、およばない。負《ま》けている。

41

39ページの答《こた》え ア

ア～オのことばの意味《いみ》が書《か》かれています（主《おも》に、小学館《しょうがくかん》『例解学習国語辞典《れいかいがくしゅうこくごじてん》第十版《だいじっぱん》』の語釈《ごしゃく》を採用《さいよう》しました）。適《てき》したことばを選《えら》ぶための参考《さんこう》にしてください。

パラパラまんがになっています。めくって楽《たの》しみましょう。

このページの正解《せいかい》は、2ページ後《あと》にあります。問題《もんだい》を解《と》いたら、確認《かくにん》しましょう。

同一人物《どういつじんぶつ》

江戸川《えどがわ》コナン

名推理《めいすいり》でさまざまな事件《じけん》を解決《かいけつ》する小学生探偵《しょうがくせいたんてい》。本当《ほんとう》の姿《すがた》は高校生《こうこうせい》の工藤新一《くどうしんいち》。

同級生《どうきゅうせい》

少年《しょうねん》探偵団《たんていだん》

小嶋元太《こじまげんた》

活発《かっぱつ》な少年《しょうねん》。食《た》べることが大好《だいす》き。

円谷光彦《つぶらやみつひこ》

冷静《れいせい》な性格《せいかく》。歩美《あゆみ》と灰原《はいばら》のことが好《す》き。

吉田歩美《よしだあゆみ》

好奇心《こうきしん》がおうせいで、コナンのことが好《す》き。

協力者《きょうりょくしゃ》

阿笠博士《あがさひろし》

発明家《はつめいか》。コナンの探偵《たんてい》グッズを作《つく》っている。通称《つうしょう》・博士《はかせ》で、本名《ほんみょう》は博士《ひろし》。

同級生《どうきゅうせい》

灰原哀《はいばらあい》

黒《くろ》ずくめの組織《そしき》にいた科学者《かがくしゃ》で、なぞの毒薬《どくやく》を発明《はつめい》。今《いま》は阿笠家《あがさけ》に住《す》む。

先生《せんせい》と生徒《せいと》

帝丹《ていたん》小学校《しょうがっこう》

先生《せんせい》と生徒《せいと》

小林澄子《こばやしすみこ》

コナンたちの1年《ねん》B組《ぐみ》の担任《たんにん》。

若狭留美《わかさるみ》

1年《ねん》B組《ぐみ》の副担任《ふくたんにん》。おっちょこちょい。

行方《ゆくえ》を追《お》う

行方《ゆくえ》を追《お》う

黒《くろ》ずくめの組織《そしき》

ジン　ウォッカ

コナンが追《お》う、なぞの犯罪組織《はんざいそしき》のメンバー。

帝丹高校《ていたんこうこう》

鈴木園子《すずきそのこ》

鈴木財《すずきざい》ばつのおじょうさま。蘭《らん》の親友《しんゆう》。

世良真純《せらますみ》

蘭《らん》のクラスに転校《てんこう》してきた女子高生探偵《じょしこうせいたんてい》。

本堂瑛祐《ほんどうえいすけ》

蘭《らん》のクラスに転校《てんこう》してきた。ドジな性格《せいかく》。

同級生《どうきゅうせい》

毛利蘭《もうりらん》

帝丹高校《ていたんこうこう》に通《かよ》う、空手《からて》の達人《たつじん》。コナンが新一《しんいち》であることは知《し》らない。

幼《おさな》なじみ

工藤新一《くどうしんいち》

帝丹高校《ていたんこうこう》の学生《がくせい》。黒《くろ》ずくめの組織《そしき》に毒薬《どくやく》を飲《の》まされ、子《こ》どもに。

親子《おやこ》

毛利小五郎《もうりこごろう》

蘭《らん》の父親《ちちおや》で私立探偵《しりつたんてい》。世間《せけん》では〝眠《ねむ》りの小五郎《こごろう》〟として有名《ゆうめい》。

夫婦《ふうふ》

妃 英理《きさきえり》

蘭《らん》の母親《ははおや》で弁護《べんご》士《し》。夫《おっと》の小五郎《こごろう》とは別居中《べっきょちゅう》。

ライバル

そう査《さ》に協力《きょうりょく》

警視庁《けいしちょう》

目暮十三《めぐれじゅうぞう》

警視庁《けいしちょう》そう査一《さいっ》課《か》の警部《けいぶ》で、佐藤刑事《さとうけいじ》らの上司《じょうし》。

佐藤美和子《さとうみわこ》

警部補《けいぶほ》。そう査一課《さいっか》のアイドル的存在《てきそんざい》。

高木渉《たかぎわたる》

巡査部長《じゅんさぶちょう》。佐藤刑事《さとうけいじ》の恋人《こいびと》。

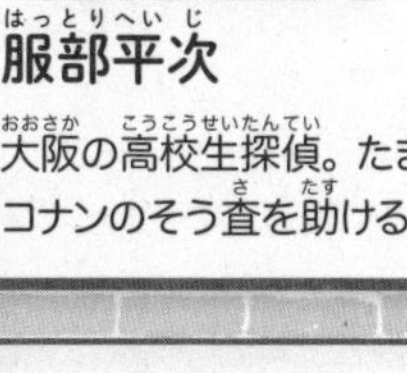

服部平次《はっとりへいじ》

大阪《おおさか》の高校生探偵《こうこうせいたんてい》。たまに、コナンのそう査《さ》を助《たす》ける。

幼《おさな》なじみ

遠山和葉《とおやまかずは》

平次《へいじ》の幼《おさな》なじみで、おたがいに両思《りょうおも》い。

1

□に当《あ》てはまることばを、ア～オからひとつずつ選《えら》ぼう。

(1) 明《あか》るくて□のある人《ひと》だ。

(2) 未来《みらい》のために大《おお》いに□しよう。

(3) 地球《ちきゅう》と比《くら》べて太陽《たいよう》は□に大《おお》きな星《ほし》だ。

(4) ほかの人《ひと》への□でほめられてもうれしくない。

(5) かげで□人物《じんぶつ》がいるらしい。

ことば

ア けたちがい　イ 糸《いと》を引《ひ》く　ウ 議論《ぎろん》

エ 愛《あい》きょう　オ 当《あ》てつけ

まんがでチェック!

[　　]に当《あ》てはまることばを、右《みぎ》ページのア〜オから選《えら》ぼう。

蘭《らん》の足《あし》げりは[　　]に強《つよ》い。

ことばの意味《いみ》

ア けたちがい
大《おお》きな差《さ》があって、比《くら》べものにならないこと。

イ 糸《いと》を引《ひ》く
ねばりのあるものが細長《ほそなが》くのびる。かげで人《ひと》を自分《じぶん》の思《おも》い通《どお》りに動《うご》かす。

ウ 議論《ぎろん》
たがいに意見《いけん》をのべ合《あ》うこと。

エ 愛《あい》きょう
にこにこしてかわいらしいこと。相手《あいて》を喜《よろこ》ばせるための言葉《ことば》や行《おこな》い。

オ 当《あ》てつけ
ほかのことを言《い》って、それとなく相手《あいて》をいやがらせること。

2

□に当《あ》てはまることばを、ア～オからひとつずつ選《えら》ぼう。

(1) 空《そら》を□に飛《と》べたらいいなあ。

(2) 期待《きたい》の新人《しんじん》だったが、□で苦労《くろう》した。

(3) 会議《かいぎ》ではまったく□が出《だ》されなかった。

(4) 長年集《ながねんあつ》めた品物《しなもの》を□で売《う》ってしまった。

(5) 今《いま》まで経験《けいけん》したことがないからといって□な。

ことば

ア 自由自在《じゆうじざい》　イ 二束三文《にそくさんもん》　ウ 鳴《な》かず飛《と》ばず

エ うろたえる　オ 異議《いぎ》

8ページの答《こた》え　(1) エ　(2) ウ　(3) ア　(4) オ　(5) イ

まんがでチェック!

[ ]に当《あ》てはまることばを、右《みぎ》ページのア~オから選《えら》ぼう。

正体《しょうたい》がばれそうになって[ ]。

ことばの意味《いみ》

ア 自由自在《じゆうじざい》
思《おも》いのまま。思《おも》い通《どお》り。

イ 二束三文《にそくさんもん》
たくさんあっても安《やす》い値段《ねだん》にしかならないこと。「文《もん》」は昔《むかし》のお金《かね》の単位《たんい》。

ウ 鳴《な》かず飛《と》ばず
将来《しょうらい》の活《かつ》やくに備《そな》えて、機会《きかい》を待《ま》っている様子《ようす》。何《なん》の活《かつ》やくもしないでいる様子《ようす》。

エ うろたえる
どうしていいかわからなくてあわてる。

オ 異議《いぎ》
人《ひと》とちがった考《かんが》え。特《とく》に反対意見《はんたいいけん》。

9ページの答《こた》え　ア

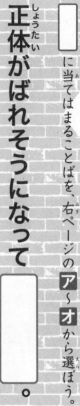

3

□に当《あ》てはまることばを、ア～オからひとつずつ選《えら》ぼう。

(1) 落《お》とし物《もの》を探《さが》すのに□。

(2) よい結果《けっか》が得《え》られたと言《い》って□する。

(3) けんかをしても、□という言葉《ことば》もある。

(4) 天気《てんき》が悪《わる》くて、祭《まつ》りを1日《にち》□ことにした。

(5) あなたの歌《うた》のうまさは□と同《おな》じくらいだ。

ことば

ア 自画自賛《じがじさん》
イ くろうと
ウ 雨降《あめふ》って地固《じかた》まる
エ くり下《さ》げる
オ 目《め》を皿《さら》のようにする

10ページの答《こた》え (1) ア (2) ウ (3) オ (4) イ (5) エ

まんがでチェック!

□に当《あ》てはまることばを、右《みぎ》ページの**ア**〜**オ**から選《えら》ぼう。

小五郎《こごろう》が自分《じぶん》の能力《のうりょく》を□する。

あったりめーだ!! この毛利小五郎《もうりこごろう》に解《と》けねー謎《なぞ》はねーからな!!!
なんだよ… さっきまで金《かね》がねーから、泊《と》まらないで帰《かえ》るって騒《さわ》いでたくせに…

ことばの意味《いみ》

ア 自画自賛《じがじさん》
自分《じぶん》で自分《じぶん》をほめること。手前《てまえ》みそ。

イ くろうと
その方面《ほうめん》のことによく慣《な》れていて、くわしい人《ひと》。専門家《せんもんか》。プロ。

ウ 雨降《あめふ》って地固《じかた》まる
もめごとの後《あと》が、かえって前《まえ》より落《お》ち着《つ》いてよくおさまることのたとえ。

エ くり下《さ》げる
順《じゅん》に下《した》にずらす。決《き》めた時《とき》よりおそくする。延期《えんき》する。

オ 目《め》を皿《さら》のようにする
目《め》を見開《みひら》いて、よく見《み》る。おどろいたときや、探《さが》し物《もの》をするときの目《め》の様子《ようす》。

11ページの答《こた》え　エ

4

□に当《あ》てはまることばを、ア～オからひとつずつ選《えら》ぼう。

(1) この図書館《としょかん》には□の書物《しょもつ》が収《おさ》められている。

(2) 本当《ほんとう》のことを話《はな》した□を考《かんが》える。

(3) かれが会社《かいしゃ》を辞《や》めるとは□だった。

(4) 男性《だんせい》と話《はなし》をしただけで□なんて、あなたらしくないね。

(5) あの映画《えいが》の主人公《しゅじんこう》の姿《すがた》は、かわいそうで□。

ことば

ア ねみみに水《みず》 ← 耳《みみ》
イ 意図《いと》
ウ はにかむ
エ 古今東西《ここんとうざい》
オ 見《み》るにしのびない

12ページの答《こた》え (1) オ (2) ア (3) ウ (4) エ (5) イ

まんがでチェック!

[　]に当《あ》てはまることばを、右《みぎ》ページのア～オから選《えら》ぼう。

口紅《くちべに》をぬぐった[　]を読《よ》み取《と》る。

ことばの意味《いみ》

ア ね耳《みみ》に水《みず》
ふいのできごとにおどろくたとえ。

イ 意図《いと》
何《なに》かをしようとする考《かんが》え。もくろみ。

ウ はにかむ
はずかしがる。

エ 古今東西《ここんとうざい》
昔《むかし》から今《いま》までと、世界《せかい》の東《ひがし》から西《にし》まで。全《ぜん》時代《じだい》と全世界《ぜんせかい》。

オ 見《み》るにしのびない
気《き》の毒《どく》で見《み》ていられない。

13ページの答《こた》え ア

5

□に当《あ》てはまることばを、ア～オからひとつずつ選《えら》ぼう。

(1) 思《おも》いついた作戦《さくせん》が□成功《せいこう》する。

(2) 年賀状《ねんがじょう》を出《だ》すのは日本《にっぽん》の□だ。

(3) 夕焼《ゆうや》け空《ぞら》を見《み》ていたら、□気持《きも》ちになった。

(4) 自分《じぶん》の成長《せいちょう》を□ことがないようにしよう。

(5) 幼《おさな》い子《こ》に□な姿《すがた》は見《み》せられない。

ことば

ア 慣習《かんしゅう》　イ ことごとく　ウ さまたげる
エ ぶざま　オ せつない

14ページの答《こた》え　(1) エ　(2) イ　(3) ア　(4) ウ　(5) オ

まんがでチェック！

[　　]に当てはまることばを、右《みぎ》ページのア～オから選《えら》ぼう。

新一《しんいち》を思《おも》う蘭《らん》の[　　]思《おも》い。

ことばの意味《いみ》

ア 慣習《かんしゅう》
世《よ》の中《なか》のならわしとなっていること。しきたり。

イ ことごとく
すべて。全部《ぜんぶ》。みんな。

ウ さまたげる
じゃまをする。

エ ぶざま
みっともないこと。体裁《ていさい》の悪《わる》いこと。

オ せつない
つらかったり悲《かな》しかったりして、やりきれない。

15ページの答《こた》え イ

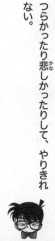

6

□に当《あ》てはまることばを、ア～オからひとつずつ選《えら》ぼう。

(1) 難《むずか》しいからといって□ことはない。

(2) □チャンスがめぐって来《き》た。

(3) 実力《じつりょく》を□するだけで十分《じゅうぶん》だ。

(4) □というから、厳《きび》しい言葉《ことば》も受《う》け止《と》めよう。

(5) 調査《ちょうさ》の□は秘密《ひみつ》にしておこう。

ことば

ア 発揮《はっき》　イ 良薬《りょうやく》は口《くち》に苦《にが》し　ウ 過程《かてい》
エ たじろぐ　オ 再《ふたた》び

16ページの答《こた》え　(1) イ　(2) ア　(3) オ　(4) ウ　(5) エ

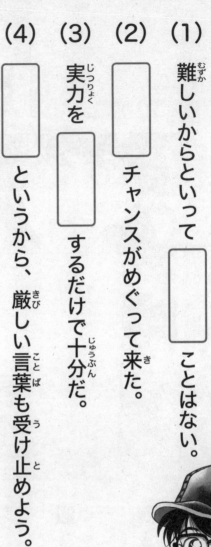

まんがでチェック!

□に当《あ》てはまることばを、右《みぎ》ページのア～オから選《えら》ぼう。

お化《ば》けが出《で》たかと思《おも》って□。

ことばの意味《いみ》

ア 発揮《はっき》
値打《ねう》ちや力《ちから》を十分《じゅうぶん》に表《あらわ》すこと。

イ 良薬《りょうやく》は口《くち》に苦《にが》し
ためになる忠告《ちゅうこく》は、すなおに聞《き》きにくいというたとえ。

ウ 過程《かてい》
物《もの》ごとが進《すす》んだり変化《へんか》していったりする様子《ようす》。プロセス。

エ たじろぐ
しりごみする。

オ 再《ふたた》び
もう一度《いちど》。また。

17ページの答《こた》え オ

7

□に当《あ》てはまることばを、ア～オからひとつずつ選《えら》ぼう。

(1) 部《ぶ》活動《かつどう》と勉強《べんきょう》を□させる。

(2) かれは□な心《こころ》を持《も》った人《ひと》だ。

(3) わずかの差《さ》で負《ま》けて、□くやしさだった。

(4) 時代《じだい》を□ことで、進化《しんか》の過程《かてい》が見《み》えてくる。

(5) □に過《す》ぎないけれど、お守《まも》りを持《も》って行《い》く。

ことば

ア デリケート　イ 気休《きやす》め　ウ 両立《りょうりつ》

エ さかのぼる　オ じだんだをふむ

18ページの答《こた》え　(1) エ　(2) オ　(3) ア　(4) イ　(5) ウ

まんがでチェック!

□に当《あ》てはまることばを、右《みぎ》ページのア～オから選《えら》ぼう。

疑問《ぎもん》を解《と》くために、過去《かこ》の記《き》おくを□。

ことばの意味《いみ》

ア デリケート
感情《かんじょう》が細《こま》かく、感《かん》じやすい様子《ようす》。取《と》りあつかいが難《むずか》しい様子《ようす》。びみょう。

イ 気休《きやす》め
そのときだけ、ちょっと安心《あんしん》すること。また、安心《あんしん》させる言葉《ことば》や行《おこな》い。

ウ 両立《りょうりつ》
二《ふた》つとも成《な》り立《た》つこと。

エ さかのぼる
川下《かわしも》から川上《かわかみ》のほうへ進《すす》む。以前《いぜん》にもどる。筋道《すじみち》をたどって、もとに立《た》ち返《かえ》る。

オ じだんだをふむ
足《あし》をふみ鳴《な》らすようにして、ひどく残念《ざんねん》がる。

19ページの答《こた》え エ

8

□に当《あ》てはまることばを、ア～オからひとつずつ選《えら》ぼう。

(1) この物語《ものがたり》は□がはっきりしている。

(2) じまん話《ばなし》を□ほど聞《き》かされた。

(3) 母《はは》は映画《えいが》が好《す》きだ。□、私《わたし》も映画好《えいがず》きだ。

(4) 財布《さいふ》の中《なか》には□ほどのお金《かね》しかない。

(5) 会場《かいじょう》は□な空気《くうき》に包《つつ》まれた。

ことば

ア 異様《いよう》　イ 起承転結《きしょうてんけつ》　ウ 耳《みみ》にたこができる

エ すずめのなみだ　オ ちなみに

20ページの答《こた》え　(1) ウ　(2) ア　(3) オ　(4) エ　(5) イ

まんがでチェック!

□に当《あ》てはまることばを、右《みぎ》ページのア～オから選《えら》ぼう。

てんぐが天井《てんじょう》から現《あらわ》れるという□な光景《こうけい》を見《み》る。

ことばの意味《いみ》

ア　異様《いよう》
ふつうとちがった様子《ようす》。

イ　起承転結《きしょうてんけつ》
文章《ぶんしょう》の組《く》み立《た》て方《かた》の一《ひと》つ。起《き》で始《はじ》め、承《しょう》で受《う》け、転《てん》で変《か》え、結《けつ》でまとめるもの。

ウ　耳《みみ》にたこができる
同《おな》じことを何度《なんど》も聞《き》いて、いやになる。

エ　すずめのなみだ
ほんのわずかなもののたとえ。

オ　ちなみに
それに関係《かんけい》して言《い》うと。ついでに言《い》うと。

21ページの答《こた》え　エ

9

□に当《あ》てはまることばを、ア〜オからひとつずつ選《えら》ぼう。

(1) 言《い》い争《あらそ》いで追《お》いつめられて□。

(2) 対話《たいわ》のなさが□の原因《げんいん》になることも多《おお》い。

(3) 強《つよ》がってみせたが、□では不安《ふあん》だった。

(4) 人《ひと》に誤解《ごかい》されて□と言《い》われるのは残念《ざんねん》だ。

(5) 部屋《へや》の中《なか》を□探《さが》したが、見《み》つからない。

ことば

ア いざこざ　イ 内心《ないしん》　ウ くまなく　エ 腹《はら》が黒《くろ》い　オ 開《ひら》き直《なお》る

22ページの答《こた》え　(1) イ　(2) ウ　(3) オ　(4) エ　(5) ア

まんがでチェック！

□に当《あ》てはまることばを、右《みぎ》ページの**ア**～**オ**から選《えら》ぼう。

事件《じけん》の現場《げんば》を□調《しら》べる。

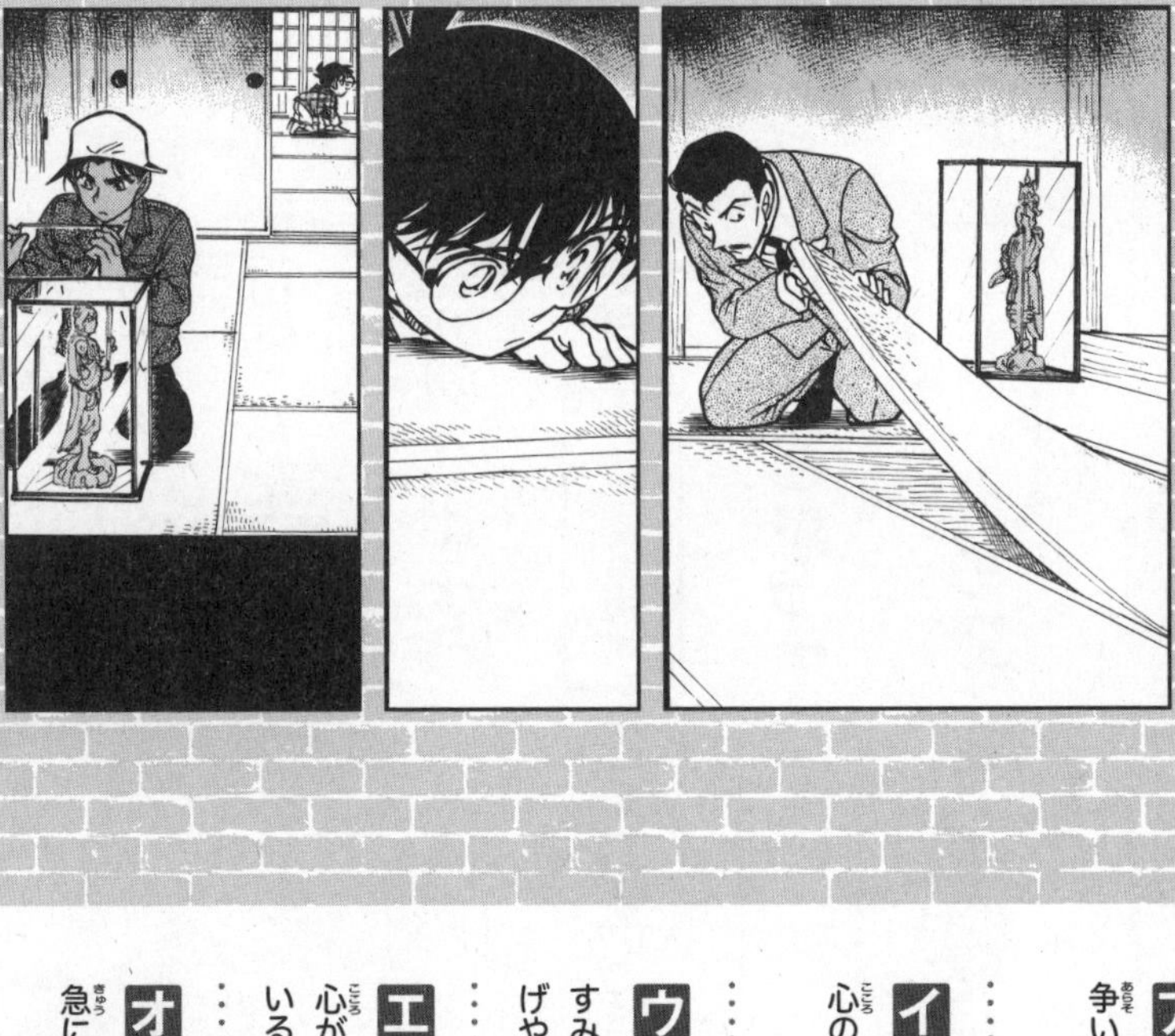

ことばの意味《いみ》

ア いざこざ
争《あらそ》いごと。もめごと。

イ 内心《ないしん》
心《こころ》の中《なか》。

ウ くまなく
すみずみまで。残《のこ》すところなく全部《ぜんぶ》。かげやくもりがなく、はっきりと。

エ 腹《はら》が黒《くろ》い
心《こころ》がねじけていて、悪《わる》いことをたくらんでいる。

オ 開《ひら》き直《なお》る
急《きゅう》に態度《たいど》を改《あらた》めて、厳《きび》しい様子《ようす》をする。

23ページの答《こた》え　ア

10

□に当《あ》てはまることばを、ア〜オからひとつずつ選《えら》ぼう。

(1) 卒業式《そつぎょうしき》が□に行《おこな》われた。

(2) □というから、元気《げんき》を出《だ》そう。

(3) この種目《しゅもく》はコーチと選手《せんしゅ》を□ことができる。

(4) 同《おな》じ失敗《しっぱい》をするかもしれないと思《おも》って□。

(5) 計画《けいかく》を実行《じっこう》するには、□の変《へん》こうが必要《ひつよう》だ。

ことば

ア かねる　イ 二《に》の足《あし》をふむ　ウ おごそか
エ 若干《じゃっかん》　オ 失敗《しっぱい》は成功《せいこう》のもと

24ページの答《こた》え　(1) オ　(2) ア　(3) イ　(4) エ　(5) ウ

まんがでチェック!

□に当《あ》てはまることばを、
右《みぎ》ページの**ア**〜**オ**から選《えら》ぼう。

殺《ころ》すとおどされて、警察《けいさつ》に話《はな》すことに□。

ことばの意味《いみ》

ア かねる
一《ひと》つだけでなく、ほかのことをも合《あ》わせ持《も》つ。

イ 二《に》の足《あし》をふむ
しりごみして、ためらう。

ウ おごそか
いかめしく、重々《おもおも》しい様子《ようす》。

エ 若干《じゃっかん》
いくらか。少《すこ》し。

オ 失敗《しっぱい》は成功《せいこう》のもと
失敗《しっぱい》してもよくそのわけを考《かんが》え、注意深《ちゅういぶか》くやれば次《つぎ》には成功《せいこう》するということわざ。

25ページの答《こた》え ウ

11

□に当《あ》てはまることばを、ア～オからひとつずつ選《えら》ぼう。

(1) あなたの活《かつ》やくは、我《わ》が校《こう》の□だ。

(2) 社長《しゃちょう》は、経営責任《けいえいせきにん》を□ことはできない。

(3) 友人《ゆうじん》の成功《せいこう》を□自分《じぶん》のことのように喜《よろこ》んだ。

(4) 受《う》けつぐ人《ひと》がいなければ、職人《しょくにん》の技術《ぎじゅつ》は□。

(5) 寒《さむ》さで□のが、自分《じぶん》でもおかしかった。

ことば

ア すたれる　イ まぬがれる　ウ あたかも
エ ほまれ　オ 歯《は》の根《ね》が合《あ》わない

26ページの答《こた》え　(1) ウ　(2) オ　(3) ア　(4) イ　(5) エ

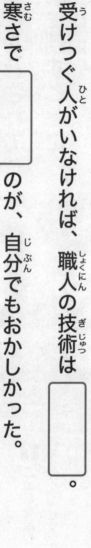

まんがでチェック!

[　]に当《あ》てはまることばを、右《みぎ》ページのア〜オから選《えら》ぼう。

[　　　]目覚《めざ》めているかのようにふるまわせる。

ことばの意味《いみ》

ア すたれる
行《おこな》われなくなる。忘《わす》れられていく。はやらなくなる。

イ まぬがれる
よくない物《もの》ごとからのがれる。

ウ あたかも
ちょうど。まるで。

エ ほまれ
ほめられて晴《は》れがましいこと。名《めい》よ。光《こう》栄《えい》。

オ 歯《は》の根《ね》が合《あ》わない
歯《は》が、がちがちとぶつかるほどふるえる。

27ページの答《こた》え　イ

12

□に当《あ》てはまることばを、ア～オからひとつずつ選《えら》ぼう。

(1) □ようなばかばかしい話《はなし》だ。

(2) たまには□な旅《たび》をしたいものだ。

(3) 小《ちい》さな声《こえ》で話《はな》しなさい。□だ。

(4) 電話《でんわ》の相手《あいて》から□を聞《き》き出《だ》す。

(5) テレビ番組《ばんぐみ》には、裏方《うらかた》に□人《ひと》も必要《ひつよう》だ。

ことば

ア 耳《みみ》を疑《うたが》う
イ 用件《ようけん》
ウ 気《き》まま
エ てっする
オ かべに耳《みみ》あり障子《しょうじ》に目《め》あり

28ページの答《こた》え (1) エ (2) イ (3) ウ (4) ア (5) オ

まんがでチェック!

□に当《あ》てはまることばを、右《みぎ》ページのア〜オから選《えら》ぼう。

予想外《よそうがい》のことを言《い》われて□。

ことばの意味《いみ》

ア 耳《みみ》を疑《うたが》う
ありえないことや思《おも》いがけない話《はなし》を聞《き》いて、聞《き》きまちがいではないかと思《おも》う。

イ 用件《ようけん》
しなくてはならない事《こと》がら。

ウ 気《き》まま
自分《じぶん》の思《おも》った通《とお》り。また、わがまま。

エ てっする
考《かんが》えや態度《たいど》をつらぬきとおす。そのことにいちずに当《あ》たる。

オ かべに耳《みみ》あり障子《しょうじ》に目《め》あり
秘密《ひみつ》は、注意《ちゅうい》したうえにも注意《ちゅうい》しないとすぐ人《ひと》にもれてしまうというたとえ。

29ページの答《こた》え ウ

13

□に当《あ》てはまることばを、ア～オからひとつずつ選《えら》ぼう。

(1) かれの□な態度《たいど》にふり回《まわ》される。

(2) みんなで新《あたら》しい行事《ぎょうじ》の□を立《た》てた。

(3) 二人《ふたり》の間《あいだ》には□空気《くうき》がただよっていた。

(4) 交通《こうつう》じゅうたいから□ことができない。

(5) かのじょは本当《ほんとう》っぽいうそを信《しん》じる□がある。

ことば

ア 傾向《けいこう》　イ 企画《きかく》　ウ のがれる
エ ただならぬ　オ 優柔不断《ゆうじゅうふだん》

30ページの答《こた》え　(1) ア　(2) ウ　(3) オ　(4) イ　(5) エ

まんがでチェック!

[　]に当《あ》てはまることばを、右《みぎ》ページの**ア**〜**オ**から選《えら》ぼう。

園子《そのこ》の身《み》に[　]ことが起《お》きたようだ。

ことばの意味《いみ》

ア　傾向《けいこう》
物《もの》ごとがある方向《ほうこう》にかたむくこと。かたむき。

イ　企画《きかく》
計画《けいかく》を立《た》てること。また、その計画《けいかく》。プラン。

ウ　のがれる
逃《に》げる。さける。危《あぶ》ないところをまぬがれる。

エ　ただならぬ
ふつうでない。

オ　優柔不断《ゆうじゅうふだん》
気《き》が弱《よわ》くて思《おも》い切《き》りが悪《わる》いこと。

31ページの答《こた》え　ア

14

□に当《あ》てはまることばを、ア～オからひとつずつ選《えら》ぼう。

(1) 見知《みし》らぬ人《ひと》の優《やさ》しさにふれて□。

(2) 行楽客《こうらくきゃく》が観光地《かんこうち》に□する。

(3) 何《なに》もしないで利益《りえき》を得《え》るのは□話《はなし》だ。

(4) うまくいくように□のが君《きみ》の役目《やくめ》だ。

(5) 複雑《ふくざつ》な手順《てじゅん》が必要《ひつよう》なことを□してもらう。

ことば

ア 仕向《しむ》ける　イ 目頭《めがしら》が熱《あつ》くなる　ウ 了解《りょうかい》　エ 集中《しゅうちゅう》　オ 虫《むし》がいい

32ページの答《こた》え　(1) オ　(2) イ　(3) エ　(4) ウ　(5) ア

まんがで
チェック!

[　]に当《あ》てはまることばを、右《みぎ》ページのア〜オから選《えら》ぼう。

元太《げんた》の思《おも》いやりに、
思《おも》わず[　　　]。

ことばの意味《いみ》

ア 仕向《しむ》ける
自然《しぜん》にそうしようという気持《きも》ちにさせる。

イ 目頭《めがしら》が熱《あつ》くなる
物《もの》ごとに感動《かんどう》して、なみだが出《で》そうになる。なみだがうかんでくる。

ウ 了解《りょうかい》
わけがよくわかって、納得《なっとく》すること。

エ 集中《しゅうちゅう》
一《ひと》つのところに集《あつ》まること。また、集《あつ》めること。

オ 虫《むし》がいい
自分《じぶん》のことだけを考《かんが》えて、他人《たにん》のことはかえりみない。

33ページの答《こた》え　エ

15

□に当《あ》てはまることばを、ア〜オからひとつずつ選《えら》ぼう。

(1) ロボットの□動《うご》き方《かた》を修正《しゅうせい》する。

(2) □な姿勢《しせい》の人《ひと》ばかりで物《もの》ごとが進《すす》まない。

(3) 数多《かずおお》くの人々《ひとびと》を取材《しゅざい》して、□を書《か》き上《あ》げた。

(4) 運動会《うんどうかい》で入場門《にゅうじょうもん》の□をしたのは私《わたし》だ。

(5) 悪《わる》いことをして、□ようなことにはなるな。

ことば

ア ぎこちない　イ 装飾《そうしょく》　ウ 消極的《しょうきょくてき》
エ ノンフィクション　オ 後《うし》ろ指《ゆび》をさされる

34ページの答《こた》え　(1) イ　(2) エ　(3) オ　(4) ア　(5) ウ

まんがでチェック!

□に当《あ》てはまることばを、右《みぎ》ページのア～オから選《えら》ぼう。

コナンは、妃英理《きさきえり》と話《はな》すことには□だ。

ことばの意味《いみ》

ア ぎこちない
動作《どうさ》や言葉《ことば》が、なめらかでない。

イ 装飾《そうしょく》
かざりつけ。かざり。

ウ 消極的《しょうきょくてき》
引《ひ》っこみがちで、自分《じぶん》から進《すす》んで物《もの》ごとをしようとしない様子《ようす》。

エ ノンフィクション
作《つく》り話《ばなし》ではなく、事実《じじつ》を基《もと》に書《か》かれた作品《さくひん》。伝記《でんき》・旅行記《りょこうき》・記録《きろく》など。

オ 後《うし》ろ指《ゆび》をさされる
他人《たにん》に、かげで悪口《わるぐち》を言《い》われる。

35ページの答《こた》え　イ

16

□に当《あ》てはまることばを、ア～オからひとつずつ選《えら》ぼう。

(1) 年老《としお》いてから論文《ろんぶん》をまとめた□型《がた》の学者《がくしゃ》だ。

(2) チームが負《ま》けて□な思《おも》いがした。

(3) □話《はなし》には気《き》をつけたほうがいい。

(4) 時間《じかん》がないので□に話《はな》してください。

(5) □で乗《の》るのをやめた電車《でんしゃ》が事故《じこ》を起《お》こした。

ことば

ア いぶかしい　イ 虫《むし》の知《し》らせ　ウ 大器晩成《たいきばんせい》
エ 砂《すな》をかむよう　オ 手短《てみじか》

まんがでチェック!

[　]に当《あ》てはまることばを、右《みぎ》ページのア～オから選《えら》ぼう。

住《す》んでいないはずの女《おんな》がいるとは[　　　]。

ことばの意味《いみ》

ア いぶかしい
疑《うたが》わしい。あやしい。

イ 虫《むし》の知《し》らせ
何《なに》かよくないことが起《お》こりそうな予感《よかん》。

ウ 大器晩成《たいきばんせい》
すぐれた人物《じんぶつ》は、若《わか》いころは目立《めだ》たないが、ゆっくりと大成《たいせい》するということ。

エ 砂《すな》をかむよう
物《もの》の味《あじ》わいやおもしろさがなくて、つまらない様子《ようす》。

オ 手短《てみじか》
簡単《かんたん》で短《みじか》い様子《ようす》。手《て》っ取《と》り早《ばや》い様子《ようす》。

37ページの答《こた》え ウ

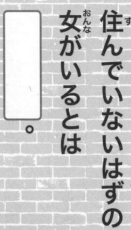

17

［　］に当《あ》てはまることばを、ア～オからひとつずつ選《えら》ぼう。

(1) 調査《ちょうさ》の結果《けっか》が［　］される。

(2) 無理《むり》やり話《はなし》の［　］を合《あ》わせる。

(3) 私《わたし》があの人《ひと》に［　］とは少《すこ》しも思《おも》っていない。

(4) 朝《あさ》の出《で》かけるまでの時間《じかん》は、いつも［　］。

(5) テストで［　］よい成績《せいせき》が取《と》れてよかった。

ことば

ア 思《おも》いのほか　イ あわただしい　ウ 公表《こうひょう》

エ つじつま　オ おとる

38ページの答《こた》え　(1) ウ　(2) エ　(3) ア　(4) オ　(5) イ

まんがでチェック!

□に当《あ》てはまることばを、右《みぎ》ページのア～オから選《えら》ぼう。

コナンが新一《しんいち》なら□が合《あ》う。

ことばの意味《いみ》

ア 思《おも》いのほか
予想《よそう》とちがって。案外《あんがい》。意外《いがい》に。

イ あわただしい
いそがしくて落《お》ち着《つ》かない。

ウ 公表《こうひょう》
世《よ》の中《なか》に広《ひろ》く発表《はっぴょう》すること。

エ つじつま
合《あ》うべきところがちゃんと合《あ》うはずの、物《もの》ごとの道筋《みちすじ》。

オ おとる
ほかに比《くら》べて、およばない。負《ま》けている。

39ページの答《こた》え ア

18

□に当《あ》てはまることばを、ア～オからひとつずつ選《えら》ぼう。

(1) 思《おも》いがけない反《はん》げきに、いっしゅん□。

(2) 子《こ》どものために□のも親《おや》の務《つと》めだ。

(3) 傷《きず》つくといけないので、□に注意《ちゅうい》する。

(4) 今日《きょう》の高速道路《こうそくどうろ》はじゅうたいもなくて□だ。

(5) やっと合格《ごうかく》して、思《おも》いを□ことができた。

ことば

ア とげる　イ 順調《じゅんちょう》　ウ 身《み》を粉《こ》にする
エ 遠回《とおまわ》し　オ ひるむ

40ページの答《こた》え　(1) ウ　(2) エ　(3) オ　(4) イ　(5) ア

まんがでチェック!

[ ]に当《あ》てはまることばを、右《みぎ》ページのア～オから選《えら》ぼう。

犬《いぬ》に追《お》われて思《おも》わず[ ]。

ことばの意味《いみ》

ア とげる
望《のぞ》みを果《は》たす。…をしてしまう。そのような結果《けっか》になる。

イ 順調《じゅんちょう》
物《もの》ごとがすらすらと調子《ちょうし》よく進《すす》む様子《ようす》。

ウ 身《み》を粉《こ》にする
苦労《くろう》をいやがらず、一生《いっしょう》けんめいに働《はたら》く。

エ 遠回《とおまわ》し
はっきりと言《い》わないで、それとなく、相手《あいて》にわからせること。

オ ひるむ
こわくなって勢《いきお》いがくじけ、気《き》が弱《よわ》くなる。

41ページの答《こた》え　エ

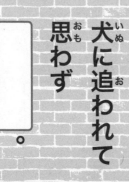

19

□に当《あ》てはまることばを、ア～オからひとつずつ選《えら》ぼう。

(1) かれは私《わたし》を助《たす》けてくれた□だ。

(2) 大切《たいせつ》な場面《ばめん》で□働《はたら》きを見《み》せる。

(3) 勝敗《しょうはい》にはこだわらない□で野球《やきゅう》を楽《たの》しむ。

(4) とてもおこらせてしまって□ほどだった。

(5) 映画《えいが》の□なストーリーに引《ひ》きつけられる。

ことば

ア 奇想天外《きそうてんがい》
イ めざましい
ウ 恩人《おんじん》
エ スタンス
オ 取《と》りつく島《しま》もない

42ページの答《こた》え (1) オ (2) ウ (3) エ (4) イ (5) ア

まんがでチェック!

□に当《あ》てはまることばを、右《みぎ》ページの**ア**〜**オ**から選《えら》ぼう。

小五郎《こごろう》が□な推理《すいり》をする。

ことばの意味《いみ》

ア 奇想天外《きそうてんがい》
ふつうでは考《かんが》えつかないほど、変《か》わったこと。

イ めざましい
目《め》が覚《さ》めるようにすばらしい。

ウ 恩人《おんじん》
大変情《たいへんなさ》けを受《う》け、世話《せわ》になった人《ひと》。

エ スタンス
立場《たちば》、姿勢《しせい》、態度《たいど》。

オ 取《と》りつく島《しま》もない
たよりとして、取《と》りすがる方法《ほうほう》もところもなく、どうしようもない。

43ページの答《こた》え オ

20

□に当《あ》てはまることばを、ア～オからひとつずつ選《えら》ぼう。

(1) 日本《にっぽん》の選手《せんしゅ》の実力《じつりょく》が海外《かいがい》でも□する。

(2) 火星《かせい》へのぼう険《けん》は□の連続《れんぞく》だった。

(3) 自分《じぶん》自身《じしん》をふり返《かえ》って、□ところはない。

(4) 強《つよ》く□と願《ねが》いが通《つう》じることもある。

(5) 何《なに》を□するかで評価《ひょうか》も変《か》わる。

ことば

ア 重視《じゅうし》　イ 念《ねん》じる　ウ 困難《こんなん》
エ 通用《つうよう》　オ やましい

まんがでチェック!

□に当《あ》てはまることばを、右《みぎ》ページのア~オから選《えら》ぼう。

見《み》られると困《こま》るような□ことがある。

ことばの意味《いみ》

ア 重視《じゅうし》
重《おも》く見《み》ること。重大《じゅうだい》に考《かんが》えること。重要《じゅうよう》視《し》。

イ 念《ねん》じる
心《こころ》の中《なか》でいのる。心《こころ》の中《なか》で唱《とな》える。

ウ 困難《こんなん》
苦《くる》しく、つらいこと。難《むずか》しい様子《ようす》。

エ 通用《つうよう》
広《ひろ》くいっぱんに使《つか》われていること。ある時《じ》期《き》に使《つか》うことができること。

オ やましい
自分《じぶん》ではずかしいと思《おも》ったり、気《き》にかかったりするところがある。

45ページの答《こた》え ア

21

□に当《あ》てはまることばを、ア～オからひとつずつ選《えら》ぼう。

(1) 急《いそ》いで終《お》わらせよう。□だからね。

(2) 使《つか》い古《ふる》した辞書《じしょ》に□を覚《おぼ》える。

(3) お化《ば》けやしきでおどろかされて□。

(4) よくないうわさを□。

(5) 計画《けいかく》は、実行《じっこう》しなければ□にすぎない。

ことば

ア 愛着《あいちゃく》　イ 小耳《こみみ》にはさむ　ウ こしをぬかす

エ 時《とき》は金《かね》なり　オ 絵《え》にかいたもち

46ページの答《こた》え　(1) エ　(2) ウ　(3) オ　(4) イ　(5) ア

まんがでチェック!

[ ]に当《あ》てはまることばを、右《みぎ》ページのア〜オから選《えら》ぼう。

トイレの中《なか》で意外《いがい》なものを見《み》つけて[ ]。

ことばの意味《いみ》

ア 愛着《あいちゃく》
心《こころ》がひかれて、忘《わす》れられないこと。

イ 小耳《こみみ》にはさむ
ほんの少《すこ》し聞《き》く。ちょっと耳《みみ》にする。

ウ こしをぬかす
おそろしかったり、おどろいたりして、立《た》っていられなくなる。

エ 時《とき》は金《かね》なり
時間《じかん》は大切《たいせつ》だから、けっしてむだにしてはいけないということわざ。

オ 絵《え》にかいたもち
何《なん》の役《やく》にも立《た》たないもの。また、実物《じつぶつ》・本物《ほんもの》でなければ何《なん》の値打《ねう》ちもないこと。

47ページの答《こた》え オ

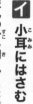

22

□に当《あ》てはまることばを、ア～オからひとつずつ選《えら》ぼう。

(1) 日本《にっぽん》では□見《み》かける風景《ふうけい》だ。

(2) □な性格《せいかく》だから信用《しんよう》できない。

(3) 古《ふる》い木《き》のいすに座《すわ》ると□ことが多《おお》い。

(4) ふるさとの自然《しぜん》を□する活動《かつどう》に参加《さんか》する。

(5) 店《みせ》を放《ほう》っておくと□ことになる。

ことば

ア きしむ　イ 愛護《あいご》　ウ 気《き》まぐれ

エ 閑古鳥《かんこどり》が鳴《な》く　オ しばしば

48ページの答《こた》え　(1) エ　(2) ア　(3) ウ　(4) イ　(5) オ

まんがでチェック!

＿＿に当《あ》てはまることばを、右《みぎ》ページのア～オから選《えら》ぼう。

行《い》きすぎた動物《どうぶつ》＿＿に疑問《ぎもん》をいだく。

そら おーきに…
せやけど 変《へん》やなァ… 工藤君《くどうくん》とは 会《お》うた事《こと》 あらへんのに…
綾小路文麿《あやのこうじふみまろ》(28)
京都府警捜査一課警部《きょうとふけいそうさいっかけいぶ》
ホントに シマリス 連《つ》れてる…
コナン君《くん》にでも 聞《き》かはったんやろか?
―つか、殺人現場《さつじんげんば》にペット 持《も》ち込《こ》む刑事《けいじ》って どーなんだ?

ことばの意味《いみ》

ア きしむ
こすれて、ぎしぎしと音《おと》を立《た》てる。

イ 愛護《あいご》
かわいがって、大切《たいせつ》にすること。よさを守《まも》って、保護《ほご》すること。

ウ 気《き》まぐれ
気持《きも》ちが変《か》わりやすく、落《お》ち着《つ》かない。そのときの思《おも》いつきで物《もの》ごとをする。

エ 閑古鳥《かんこどり》が鳴《な》く
商売《しょうばい》がはやらなくて、ひまな様子《ようす》。

オ しばしば
たびたび。何度《なんど》も。

49ページの答《こた》え ウ

23

□に当《あ》てはまることばを、ア～オからひとつずつ選《えら》ぼう。

(1) すばらしい才能《さいのう》を□してはいけない。

(2) 楽《らく》をしようとして苦《くる》しくなった。□だ。

(3) 工事《こうじ》が終《お》われば□通《どお》りの利用《りよう》ができる。

(4) 故郷《こきょう》をはなれたけれど、ここも□だからね。

(5) 正《ただ》しいことをするのに□ことはない。

ことば

ア 悪用《あくよう》　イ 通常《つうじょう》　ウ ためらう
エ 自業自得《じごうじとく》　オ 住《す》めば都《みやこ》

50ページの答《こた》え　(1) オ　(2) ウ　(3) ア　(4) イ　(5) エ

まんがでチェック!

［　］に当《あ》てはまることばを、右《みぎ》ページのア～オから選《えら》ぼう。

コナンの正体《しょうたい》がバレたのは［　　］だ。

ことばの意味《いみ》

ア 悪用《あくよう》
悪《わる》いことに使《つか》うこと。

イ 通常《つうじょう》
広《ひろ》くいっぱんに見《み》られる状態《じょうたい》であること。いつも通《どお》りであること。ふつう。

ウ ためらう
どうしようかと迷《まよ》う。

エ 自業自得《じごうじとく》
自分《じぶん》のしたことの報《むく》いを自分《じぶん》が受《う》けること。ふつうは悪《わる》い結果《けっか》についていう。

オ 住《す》めば都《みやこ》
どんなところでも、住《す》み慣《な》れればよいところだと思《おも》うようになる。

51ページの答《こた》え　イ

24

□に当《あ》てはまることばを、ア～オからひとつずつ選《えら》ぼう。

(1) 大好《だいす》きな料理《りょうり》に、思《おも》わず□。

(2) 新薬《しんやく》の開発方法《かいはつほうほう》を□する。

(3) 知的《ちてき》で誠実《せいじつ》な人《ひと》なのに、ときどきあわてるのが□だ。

(4) たとえ□でも、約束《やくそく》にはちがいない。

(5) 今年《ことし》の夏《なつ》は□厳《きび》しい暑《あつ》さだった。

ことば

ア 舌《した》つづみを打《う》つ　イ いつになく　ウ 口約束《くちやくそく》

エ 模索《もさく》　オ 玉《たま》にきず

52ページの答《こた》え　(1) ア　(2) エ　(3) イ　(4) オ　(5) ウ

まんがでチェック!

□に当《あ》てはまることばを、
右《みぎ》ページのア～オから選《えら》ぼう。

コナンが、おいしいすしに□。

ことばの意味《いみ》

ア 舌《した》つづみを打《う》つ
おいしい食《た》べ物《もの》を、舌《した》を鳴《な》らすようにして味《あじ》わう様子《ようす》。

イ いつになく
いつもとちがって。

ウ 口約束《くちやくそく》
書類《しょるい》などにしない、言葉《ことば》だけの約束《やくそく》。

エ 模索《もさく》
手《て》がかりがないまま、いろいろと試《ため》すこと。

オ 玉《たま》にきず
美《うつく》しい玉《たま》にきずがあるように、りっぱなものの中《なか》に、わずかにある欠点《けってん》。

53ページの答《こた》え エ

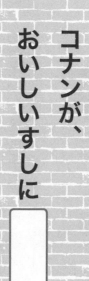

25

□に当《あ》てはまることばを、ア〜オからひとつずつ選《えら》ぼう。

(1) 宇宙人《うちゅうじん》がいるかどうか□ではない。

(2) □にたのまれても引《ひ》き受《う》けられない。

(3) 川《かわ》の□では丸《まる》い石《いし》が多《おお》くなる。

(4) □あいさつは相手《あいて》の目《め》を見《み》てするものだ。

(5) 細《こま》かいところまで□。

ことば

ア 下流《かりゅう》　イ 目《め》を配《くば》る　ウ やぶから棒《ぼう》
エ 定《さだ》か　オ 本来《ほんらい》

54ページの答《こた》え　(1) ア　(2) エ　(3) オ　(4) ウ　(5) イ

まんがでチェック!

□に当《あ》てはまることばを、右《みぎ》ページの**ア**～**オ**から選《えら》ぼう。

□に意外《いがい》なことを質問《しつもん》する。

ことばの意味《いみ》

ア 下流《かりゅう》
川《かわ》の流《なが》れで、河口《かこう》に近《ちか》いほう。川下《かわしも》。

イ 目《め》を配《くば》る
よく気《き》をつけて、あちこちを見《み》る。あちこちに注意《ちゅうい》を向《む》ける。

ウ やぶから棒《ぼう》
出《だ》しぬけに物《もの》ごとをすること。

エ 定《さだ》か
はっきりとしている様子《ようす》。明《あき》らか。確《たし》か。

オ 本来《ほんらい》
はじめからその状態《じょうたい》であること。もともと。ふつうなら、そうあるべきこと。

55ページの答《こた》え　ア

26

□に当《あ》てはまることばを、ア〜オからひとつずつ選《えら》ぼう。

(1) あれだけ勉強《べんきょう》したのだから、成績《せいせき》が上《あ》がるのは□だ。

(2) 人《ひと》を□態度《たいど》は許《ゆる》せない。

(3) 音楽《おんがく》プレーヤーで曲《きょく》を□に再生《さいせい》する。

(4) 予想外《よそうがい》の出来事《できごと》に□としてしまう。

(5) 雨《あめ》になることも□して遠足《えんそく》の計画《けいかく》を立《た》てる。

ことば

ア ぼう然《ぜん》　イ ランダム　ウ 見下《みくだ》す　エ 必然《ひつぜん》　オ 考慮《こうりょ》

56ページの答《こた》え　(1) エ　(2) ウ　(3) ア　(4) オ　(5) イ

まんがでチェック!

□に当《あ》てはまることばを、右《みぎ》ページのア～オから選《えら》ぼう。

佐藤《さとう》刑事《けいじ》の見合《みあ》いの知《し》らせに□とする。

ことばの意味《いみ》

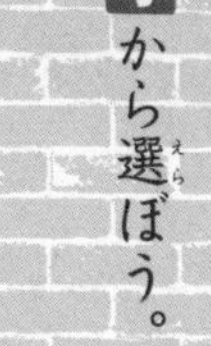

ア ぼう然《ぜん》
気《き》がぬけて、ぼんやりとする様子《ようす》。

イ ランダム
考《かんが》えて決《き》めるのではなく、ぐうぜんに任《まか》せること。思《おも》いつくままであること。

ウ 見下《みくだ》す
相手《あいて》をばかにして見《み》る。見《み》くびる。

エ 必然《ひつぜん》
必《かなら》ずそうなるということ。

オ 考慮《こうりょ》
よく考《かんが》えること。

57ページの答《こた》え ウ

27

□に当《あ》てはまることばを、ア～オからひとつずつ選《えら》ぼう。

(1) お年寄《としよ》りをだますなんて□ことだ。

(2) 結論《けつろん》を次《つぎ》に□ことになった。

(3) 試合《しあい》が終《お》わったら、□帰《かえ》ってきなさい。

(4) いつも上手《じょうず》な君《きみ》が失敗《しっぱい》するとは、□だね。

(5) 貧《まず》しい国《くに》や地域《ちいき》に□の手《て》を差《さ》しのべる。

ことば

ア 援助《えんじょ》　イ あさましい　ウ 持《も》ちこす　エ 直《ただ》ちに　オ 弘法《こうぼう》にも筆《ふで》の誤《あやま》り

58ページの答《こた》え　(1) エ　(2) ウ　(3) イ　(4) ア　(5) オ

まんがでチェック！

□に当《あ》てはまることばを、右《みぎ》ページのア～オから選《えら》ぼう。

事件《じけん》の現場《げんば》から□警察《けいさつ》に電話《でんわ》する。

ことばの意味《いみ》

ア 援助《えんじょ》
助《たす》けること。助《たす》け。

イ あさましい
情《なさ》けない。いやしい。さもしい。

ウ 持《も》ちこす
終《お》わらないで、そのまま次《つぎ》へ送《おく》る。

エ 直《ただ》ちに
すぐさま。

オ 弘法《こうぼう》にも筆《ふで》の誤《あやま》り
どれほどその道《みち》にすぐれた者《もの》でも、誤《あやま》りをおかすことがあることのたとえ。

59ページの答《こた》え　ア

28

□に当《あ》てはまることばを、ア～オからひとつずつ選《えら》ぼう。

(1) 試験問題《しけんもんだい》を解《と》くときは□を大切《たいせつ》にしよう。

(2) 泣《な》きやまない赤《あか》ちゃんに□こともある。

(3) 力士《りきし》は□強《つよ》そうな体《からだ》つきをしている。

(4) □のときに備《そな》えて、対策《たいさく》を立《た》てる。

(5) 悪《わる》いことは聞《き》きたくない。□だからね。

ことば

ア 手《て》を焼《や》く　イ 見《み》るからに　ウ 論理《ろんり》　エ 知《し》らぬが仏《ほとけ》　オ 万《まん》が一《いち》

60ページの答《こた》え　(1) イ　(2) ウ　(3) エ　(4) オ　(5) ア

まんがでチェック!

□に当《あ》てはまることばを、右《みぎ》ページのア～オから選《えら》ぼう。

□おいしそうなサンドイッチだ。

ことばの意味《いみ》

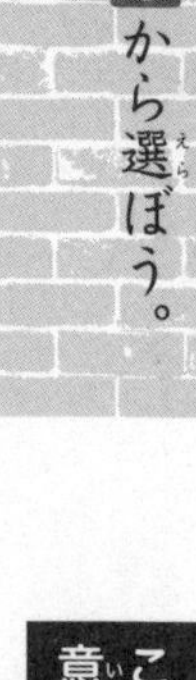

ア 手《て》を焼《や》く
てこずる。

イ 見《み》るからに
ちょっと見《み》ただけでも。

ウ 論理《ろんり》
考《かんが》えを推《お》し進《すす》めていく、筋道《すじみち》。物《もの》ごとの中《なか》にある道理《どうり》。

エ 知《し》らぬが仏《ほとけ》
知《し》ればおこったりするだろうが、知《し》らなければ平気《へいき》でいられるということ。

オ 万《まん》が一《いち》
もしも。ひょっとして。万一《まんいち》。

61ページの答《こた》え エ

29

□に当《あ》てはまることばを、ア〜オからひとつずつ選《えら》ぼう。

(1) 専門家《せんもんか》が集《あつ》まって□会《かい》を開《ひら》く。

(2) 努力《どりょく》が実《みの》って成功《せいこう》の□が見《み》える。

(3) □だから、いつまでもあまえてはいけない。

(4) ネット利用《りよう》の前《まえ》に、情報《じょうほう》をあつかう□を学《まな》ぶ。

(5) 博物館《はくぶつかん》の展示作品《てんじさくひん》を□とながめる。

ことば

ア モラル　イ 座談《ざだん》　ウ 仏《ほとけ》の顔《かお》も三度《さんど》

エ しげしげ　オ きざし

まんがでチェック!

□に当《あ》てはまることばを、
右《みぎ》ページのア～オから選《えら》ぼう。

燃《も》え残《のこ》った棒《ぼう》を□と見《み》つめる。

ことばの意味《いみ》

ア モラル
人《ひと》として守《まも》らなければならない、正《ただ》しい行《おこな》い。

イ 座談《ざだん》
何人《なんにん》かの人《ひと》が座《すわ》って、打《う》ち解《と》けて話《はな》し合《あ》うこと。

ウ 仏《ほとけ》の顔《かお》も三度《さんど》
情《なさ》け深《ぶか》い人《ひと》でも、たびたびだまされたりすると、しまいにはおこるということ。

エ しげしげ
何度《なんど》も。しきりに。つくづく。じっと。

オ きざし
物《もの》ごとが起《お》ころうとする、しるしや様子《ようす》。前兆《ぜんちょう》。

63ページの答《こた》え イ

30

□に当《あ》てはまることばを、ア〜オからひとつずつ選《えら》ぼう。

(1) 証《しょう》こがあるから、□のは難《むずか》しい。

(2) サッカー部《ぶ》と陸上部《りくじょうぶ》を□する。

(3) 気《き》に入《い》らない相手《あいて》に□な態度《たいど》で接《せっ》する。

(4) 勉強《べんきょう》をがんばりすぎて体《からだ》をこわしたら□。

(5) 見直《みなお》しをしたことが、解決《かいけつ》の□となった。

ことば

ア 糸口《いとぐち》　イ 白《しら》を切《き》る　ウ 元《もと》も子《こ》もない
エ かけ持《も》ち　オ 冷《ひ》ややか

64ページの答《こた》え　(1) イ　(2) オ　(3) ウ　(4) ア　(5) エ

まんがでチェック!

□に当《あ》てはまることばを、右《みぎ》ページのア～オから選《えら》ぼう。

コナンのかいた図《ず》が推理《すいり》の□となる。

ことばの意味《いみ》

ア 糸口《いとぐち》
物《もの》ごとの始《はじ》まり。手《て》がかり。きっかけ。巻《ま》いてある糸《いと》のはし。

イ 白《しら》を切《き》る
知《し》っていても知《し》らないふりをする。うそをつく。

ウ 元《もと》も子《こ》もない
元金《がんきん》も利子《りし》もない。何《なに》もかもない。

エ かけ持《も》ち
二《ふた》つ以上《いじょう》の仕事《しごと》などを一度《いちど》に受《う》け持《も》つこと。けん務《む》。

オ 冷《ひ》ややか
ひやりと、冷《つめ》たさを感《かん》じさせる様子《ようす》。思《おも》いやりのない様子《ようす》。

65ページの答《こた》え　エ

31

［　　］に当《あ》てはまることばを、ア〜オからひとつずつ選《えら》ぼう。

(1) 検査《けんさ》の結果《けっか》が［　　］な数値《すうち》になる。

(2) グループ発表《はっぴょう》の［　　］を決《き》める。

(3) 好《す》きな人《ひと》に、［　　］胸《むね》のうちを伝《つた》える。

(4) やれることはやった。［　　］という思《おも》いだ。

(5) 国際活動《こくさいかつどう》のために海外《かいがい》に［　　］される。

ことば

ア ときめく　イ 派遣《はけん》　ウ テーマ
エ 正常《せいじょう》　オ 人事《じんじ》をつくして天命《てんめい》を待《ま》つ

66ページの答《こた》え　(1) イ　(2) エ　(3) オ　(4) ウ　(5) ア

まんがでチェック!

[　　]に当《あ》てはまることばを、右《みぎ》ページのア〜オから選《えら》ぼう。

新一《しんいち》を思《おも》うと蘭《らん》の心《こころ》が[　　]。

あれでけっこー
いいトコあるん
だよ!

ことばの意味《いみ》

ア ときめく
喜《よろこ》びや期待《きたい》・不安《ふあん》で胸《むね》がどきどきする。

イ 派遣《はけん》
役目《やくめ》をあたえて人《ひと》を行《い》かせること。

ウ テーマ
作品《さくひん》の中心《ちゅうしん》となる考《かんが》え。主題《しゅだい》。論文《ろんぶん》や演説《えんぜつ》などの題目《だいもく》。

エ 正常《せいじょう》
変《か》わったところがなく、まともな様子《ようす》。ふつう。

オ 人事《じんじ》をつくして天命《てんめい》を待《ま》つ
人間《にんげん》の力《ちから》でできるだけのことをして、あとは、なりゆきに任《まか》せる。

67ページの答《こた》え ア

32

□に当《あ》てはまることばを、ア〜オからひとつずつ選《えら》ぼう。

(1) 久《ひさ》しぶりの庭《にわ》仕事《しごと》は□。

(2) 作業《さぎょう》の□は細《こま》かい手作業《てさぎょう》だ。

(3) 他人《たにん》に□ことで自分《じぶん》が救《すく》われる。

(4) うそをかくすために話《はなし》を□。

(5) 人《ひと》は言葉《ことば》で世界《せかい》を□する。

ことば

ア 認識《にんしき》　イ 骨《ほね》が折《お》れる　ウ 大半《たいはん》
エ ほどこす　オ つくろう

まんがでチェック！

［　］に当《あ》てはまることばを、右《みぎ》ページのア～オから選《えら》ぼう。

ケガをした足《あし》に手《て》当《あ》てを［　］。

まず足首《あしくび》に二回《にかい》巻《ま》いて、足《あし》の裏《うら》から足《あし》の甲《こう》を通《とお》り再《ふたた》び足首《あしくび》へ…
これを少《すこ》しきつめに何度《なんど》も繰《く》り返《かえ》して…
最後《さいご》にギュッと結《むす》んで固定《こてい》すれば完成《かんせい》です！
へーすごいじゃない！

ことばの意味《いみ》

ア 認識《にんしき》
物《もの》ごとの本当《ほんとう》のことをよく知《し》り、見分《みわ》けること。また、そうして得《え》た知識《ちしき》。

イ 骨《ほね》が折《お》れる
やるのに苦労《くろう》する。するのが大変《たいへん》だ。

ウ 大半《たいはん》
半分以上《はんぶんいじょう》。大部分《だいぶぶん》。

エ ほどこす
めぐむ。あたえる。行《おこな》う。ききめを期待《きたい》してする。

オ つくろう
こわれたものを直《なお》す。整《ととの》える。体裁《ていさい》をよくする。

69ページの答《こた》え　ア

33

□に当《あ》てはまることばを、ア～オからひとつずつ選《えら》ぼう。

(1) 観客《かんきゃく》の□はとてもよかった。

(2) 希望《きぼう》を聞《き》かれて□返事《へんじ》をした。

(3) 戦争《せんそう》の現実《げんじつ》から顔《かお》を□のはやめよう。

(4) 水辺《みずべ》でたくさんの動物《どうぶつ》たちが□様子《ようす》をさつえいする。

(5) どちらの方法《ほうほう》をとっても□だ。

ことば

ア 五十歩百歩《ごじっぽひゃっぽ》　イ ひしめく　ウ すかさず
エ 反応《はんのう》　オ そむける

70ページの答《こた》え　(1) イ　(2) ウ　(3) エ　(4) オ　(5) ア

まんがでチェック!

[　]に当《あ》てはまることばを、右《みぎ》ページのア〜オから選《えら》ぼう。

小五郎《こごろう》に会《あ》って、[　]手伝《てつだ》いを願《ねが》い出《で》る。

──ってか、何《なん》でお前《まえ》がここに?
さっきスーパーで偶然《ぐうぜん》会《あ》って連《つ》れて来《き》たのよ…
毛利探偵《もうりたんてい》、いつでも遊《あそ》びに来《き》ていいとおっしゃってましたから…
そりゃー言《い》ったけど…
お手伝《てつだ》いしますよーー!
電話番《でんわばん》でも何《なん》でも!!

ことばの意味《いみ》

ア 五十歩百歩《ごじっぽひゃっぽ》
大《おお》きなちがいがあるようでも、本当《ほんとう》はあまりちがわないこと。似《に》たり寄《よ》ったり。

イ ひしめく
大勢《おおぜい》がおし合《あ》って、ごたごたしている。

ウ すかさず
間《ま》を置《お》かないで。すぐさま。

エ 反応《はんのう》
生物《せいぶつ》の体《からだ》がしげきを受《う》けて起《お》こす変化《へんか》。手応《てごた》え。

オ そむける
顔《かお》や目《め》を、横《よこ》や後《うし》ろに向《む》ける。

71ページの答《こた》え エ

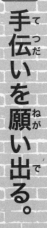

34

□に当《あ》てはまることばを、ア～オからひとつずつ選《えら》ぼう。

(1) 太古《たいこ》の時代《じだい》、日食《にっしょく》は不思議《ふしぎ》な□だった。

(2) □の目《め》を気《き》にしすぎるときゅうくつだ。

(3) 次《つぎ》から次《つぎ》へとトラブルが起《お》きて□だ。

(4) 優勝《ゆうしょう》への道《みち》□で、けがをしてしまった。

(5) 年《とし》の差《さ》はあるが、あの姉妹《しまい》は□だ。

ことば

ア 半《なか》ば　イ うり二《ふた》つ　ウ 世間《せけん》
エ てんてこまい　オ 現象《げんしょう》

まんがでチェック!

□に当《あ》てはまることばを、右《みぎ》ページのア〜オから選《えら》ぼう。

自然《しぜん》□とはいえ、とつ然《ぜん》のかみなりにおどろく。

ことばの意味《いみ》

ア 半《なか》ば
真《ま》ん中《なか》。最中《さいちゅう》。

イ うり二《ふた》つ
顔《かお》かたちなどがそっくり似《に》ていること。

ウ 世間《せけん》
世《よ》の中《なか》。また、世《よ》の中《なか》の人々《ひとびと》。世《よ》の中《なか》でのつき合《あ》いや経験《けいけん》のはんい。

エ てんてこまい
非常《ひじょう》にいそがしくて、あわてる様子《ようす》。

オ 現象《げんしょう》
現《あらわ》れて見《み》える形《かたち》。ありさま。目《め》や耳《みみ》や手《て》などで感《かん》じ取《と》った様子《ようす》。

73ページの答《こた》え　ウ

35

□に当《あ》てはまることばを、ア～オからひとつずつ選《えら》ぼう。

(1) くだらない話《はなし》に□必要《ひつよう》はない。

(2) 女性《じょせい》と男性《だんせい》は□な関係《かんけい》であるべきだ。

(3) 同《おな》じあやまちをおかさないよう、友《とも》として□する。

(4) 雨《あめ》が降《ふ》り続《つづ》いて、□季節《きせつ》だと思《おも》う。

(5) ひきょうな行動《こうどう》は□ことができない。

ことば

ア 忠告《ちゅうこく》　イ 耳《みみ》を貸《か》す　ウ うっとうしい
エ 対等《たいとう》　オ 見《み》すごす

まんがでチェック！

□に当《あ》てはまることばを、
右《みぎ》ページのア～オから選《えら》ぼう。

コナンの提案《ていあん》に阿笠博士《あがさはかせ》が□。

ことばの意味《いみ》

ア 忠告《ちゅうこく》
真心《まごころ》をもって人《ひと》に注意《ちゅうい》すること。

イ 耳《みみ》を貸《か》す
人《ひと》の話《はなし》を聞《き》いてやる。

ウ うっとうしい
気分《きぶん》が重苦《おもくる》しく、晴《は》れ晴《ば》れしない。じゃまで、わずらわしい。

エ 対等《たいとう》
おたがいに差《さ》がない様子《ようす》。

オ 見《み》すごす
見《み》ても見《み》ないふりをする。見《み》ても気《き》づかない。見落《みお》とす。

75ページの答《こた》え　オ

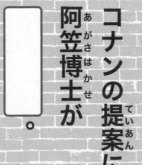

36

□に当《あ》てはまることばを、ア～オからひとつずつ選《えら》ぼう。

(1) 仲《なか》のいいカップルを□。

(2) 妹《いもうと》が一番《いちばん》になって、姉《あね》としても□。

(3) 自分《じぶん》の□をはずかしく思《おも》う。

(4) □という通《とお》りで、何《なん》でも利用《りよう》したい気分《きぶん》だ。

(5) □の選手《せんしゅ》にはできないわざだ。

ことば

ア 鼻《はな》が高《たか》い　イ 並《なみ》　ウ 冷《ひ》やかす

エ 無知《むち》　オ おぼれる者《もの》はわらをもつかむ

76ページの答《こた》え　(1) イ　(2) エ　(3) ア　(4) ウ　(5) オ

まんがでチェック!

□に当《あ》てはまることばを、右《みぎ》ページのア～オから選《えら》ぼう。

おもしろがって□のはやめてください。

ことばの意味《いみ》

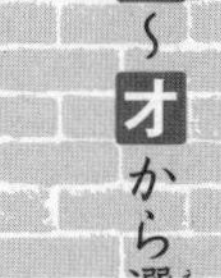

ア 鼻《はな》が高《たか》い
じまんできる。ほこらしい。

イ 並《なみ》
ふつう。当《あ》たり前《まえ》。

ウ 冷《ひ》やかす
からかう。

エ 無知《むち》
知識《ちしき》がないこと。何《なに》も知《し》らないこと。

オ おぼれる者《もの》はわらをもつかむ
危《あぶ》なくなったときには、たよりにならないものでもたよるというたとえ。

77ページの答《こた》え イ

37

□に当《あ》てはまることばを、ア～オからひとつずつ選《えら》ぼう。

(1) 練習《れんしゅう》の□に飲《の》み物《もの》を飲《の》む。

(2) マラソン選手《せんしゅ》が□な走《はし》りを見《み》せる。

(3) かれは一流大学《いちりゅうだいがく》を卒業《そつぎょう》した□だ。

(4) 新入社員《しんにゅうしゃいん》が社会人《しゃかいじん》としての□を語《かた》る。

(5) たまたま買《か》った宝《たから》くじが当《あ》たった。□だ。

ことば

ア たなからぼたもち　イ 抱負《ほうふ》　ウ 軽快《けいかい》
エ インテリ　オ 合間《あいま》

78ページの答《こた》え　(1) ウ　(2) ア　(3) エ　(4) オ　(5) イ

まんがでチェック！

［　　］に当《あ》てはまることばを、右《みぎ》ページのア～オから選《えら》ぼう。

コナンが［　　］な動《うご》きで門《もん》を乗《の》りこえる。

ことばの意味《いみ》

ア たなからぼたもち
たなからぼたもちが落《お》ちてくるように、思《おも》いがけない幸運《こううん》を得《え》ることのたとえ。

イ 抱負《ほうふ》
心《こころ》の中《なか》で思《おも》う考《かんが》えや計画《けいかく》。

ウ 軽快《けいかい》
軽々《かるがる》としていて気持《きも》ちがよい様子《ようす》。身軽《みがる》で、すばやい様子《ようす》。

エ インテリ
学問《がくもん》・知識《ちしき》・教養《きょうよう》のある人《ひと》。知識人《ちしきじん》。知《ち》識階級《しきかいきゅう》。

オ 合間《あいま》
物《もの》ごとと物《もの》ごとの間《あいだ》の時間《じかん》。

79ページの答《こた》え　ウ

□に当《あ》てはまることばを、ア～オからひとつずつ選《えら》ぼう。

(1) 試験問題《しけんもんだい》が難《むずか》しすぎて□。

(2) 達人《たつじん》の□のよさがみごとだった。

(3) 何《なん》の□も求《もと》めないかれの行動《こうどう》に感動《かんどう》した。

(4) おだやかな□なので過《す》ごしやすい。

(5) どの案《あん》も□だから、どれでもよさそうだ。

ことば

ア 歯《は》が立《た》たない　イ 見返《みかえ》り　ウ 大同小異《だいどうしょうい》　エ 手《て》ぎわ　オ 気候《きこう》

80ページの答《こた》え　(1) オ　(2) ウ　(3) エ　(4) イ　(5) ア

まんがでチェック!

□に当《あ》てはまることばを、右《みぎ》ページのア～オから選《えら》ぼう。

□のよい土地《とち》で暮《く》らせる幸《しあわ》せ。

ことばの意味《いみ》

ア 歯《は》が立《た》たない
かなわない。また、あまりにもかたくてかめない。

イ 見返《みかえ》り
自分《じぶん》にしてくれたことに、お返《かえ》しをすること。

ウ 大同小異《だいどうしょうい》
細《こま》かい点《てん》ではちがいがあるが、だいたい同《おな》じであること。

エ 手《て》ぎわ
うでまえ。手並《てな》み。

オ 気候《きこう》
ある地域《ちいき》の気温《きおん》の高《たか》い・低《ひく》い、雨《あめ》の多《おお》い・少《すく》ないなどの、天気《てんき》の様子《ようす》。

81ページの答《こた》え ウ

39

□に当《あ》てはまることばを、ア～オからひとつずつ選《えら》ぼう。

(1) 君《きみ》には関係《かんけい》のないことだ。□だぞ。

(2) □をおさえて、商品《しょうひん》を製造《せいぞう》する。

(3) 未来《みらい》のために自分自身《じぶんじしん》を□ことが大切《たいせつ》だ。

(4) 妹《いもうと》は□な性格《せいかく》なので、クラスで人気《にんき》がある。

(5) 不注意《ふちゅうい》で、□事故《じこ》になるところだった。

ことば

ア さわらぬ神《かみ》にたたりなし　イ 快活《かいかつ》　ウ コスト

エ あわや　オ かえりみる

82ページの答《こた》え　(1) ア　(2) エ　(3) イ　(4) オ　(5) ウ

まんがでチェック!

［　］に当《あ》てはまることばを、右《みぎ》ページのア～オから選《えら》ぼう。

［　　］何者《なにもの》かに殺《ころ》されるところだった。

ことばの意味《いみ》

ア さわらぬ神《かみ》にたたりなし
関《かか》わらなければ災《わざわ》いは受《う》けないからよけいな手出《てだ》しはするな、ということのたとえ。

イ 快活《かいかつ》
はきはきして明《あか》るい様子《ようす》。

ウ コスト
費用《ひよう》。特《とく》に、商品《しょうひん》を作《つく》るのにかかる費用《ひよう》。原価《げんか》。時間《じかん》や労力《ろうりょく》をふくめる場合《ばあい》もある。

エ あわや
今《いま》にも。あぶなく。

オ かえりみる
自分《じぶん》の心《こころ》や行《おこな》いをふり返《かえ》って、よく考《かんが》える。反省《はんせい》する。

83ページの答《こた》え　オ

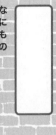

40

□に当《あ》てはまることばを、ア～オからひとつずつ選《えら》ぼう。

(1) 今回《こんかい》の失敗《しっぱい》を□必要《ひつよう》がある。

(2) ねこを見《み》るとライオンを□してしまう。

(3) 公式試合《こうしきじあい》では□戦《たたか》いが行《おこな》われた。

(4) 大切《たいせつ》なお客様《きゃくさま》をていねいに□。

(5) 会社《かいしゃ》は利益《りえき》を□するものだ。

ことば

ア 手《て》にあせをにぎる　イ もてなす　ウ 追求《ついきゅう》　エ 連想《れんそう》　オ きもにめいじる

84ページの答《こた》え　(1) ア　(2) ウ　(3) オ　(4) イ　(5) エ

まんがでチェック!

［　　］に当《あ》てはまることばを、右《みぎ》ページのア〜オから選《えら》ぼう。

平次《へいじ》がコナンたちを料理《りょうり》で［　　］。

ことばの意味《いみ》

ア 手《て》にあせをにぎる
あぶなっかしくて、はらはらする。

イ もてなす
人《ひと》をていねいにあつかう。ごちそうする。

ウ 追求《ついきゅう》
目的《もくてき》とするものを手《て》に入《い》れようと、どこまでも追《お》い求《もと》めること。

エ 連想《れんそう》
ある一《ひと》つのことがらから、それに関係《かんけい》のある、ほかのことを思《おも》いうかべること。

オ きもにめいじる
深《ふか》く心《こころ》に刻《きざ》みこんで、忘《わす》れない。

85ページの答《こた》え　エ

41

□に当《あ》てはまることばを、ア～オからひとつずつ選《えら》ぼう。

(1) ひそひそ話《ばなし》を聞《き》こうとして□。

(2) 4月《がつ》□に小学校《しょうがっこう》の入学式《にゅうがくしき》がある。

(3) 時間《じかん》を気《き》にせず、□話《はなし》をするのが楽《たの》しい。

(4) とつ然《ぜん》明《あ》かりが消《き》えて、現場《げんば》は□なさわぎになった。

(5) ミスしたことが、□で成功《せいこう》につながった。

ことば

ア けがの功名《こうみょう》　イ 火《ひ》のついたよう　ウ 上旬《じょうじゅん》

エ とりとめのない　オ 息《いき》を殺《ころ》す

86ページの答《こた》え　(1) オ　(2) エ　(3) ア　(4) イ　(5) ウ

まんがでチェック!

[ ]に当《あ》てはまることばを、右《みぎ》ページのア〜オから選《えら》ぼう。

見《み》つからないように、物《もの》かげで[ ]。

ことばの意《い》味《み》

ア けがの功名《こうみょう》
なにげなくしたことや、誤《あやま》ってしたことが、ぐうぜんにりっぱな結果《けっか》になること。

イ 火《ひ》のついたよう
赤《あか》んぼうなどが大声《おおごえ》ではげしく泣《な》く様子《ようす》。とつ然《ぜん》であわただしいさま。

ウ 上旬《じょうじゅん》
月《つき》のはじめの十日間《とおかかん》。

エ とりとめのない
まとまりのない。つかみどころがない。

オ 息《いき》を殺《ころ》す
息《いき》をする音《おと》ももらさないようにして、じっとしている。

87ページの答《こた》え イ

42

□に当《あ》てはまることばを、ア～オからひとつずつ選《えら》ぼう。

(1) 職人《しょくにん》の□な技《わざ》が名品《めいひん》を生《う》み出《だ》す。

(2) 先生《せんせい》の話《はなし》を□で聞《き》く。

(3) 江戸時代《えどじだい》の□に書《か》かれた記録《きろく》を調《しら》べる。

(4) 成功体験《せいこうたいけん》は向上心《こうじょうしん》に□ことになる。

(5) 警察官《けいさつかん》が犯人《はんにん》のにげ道《みち》を□。

ことば

ア 巻物《まきもの》　イ たくみ　ウ さえぎる
エ 上《うわ》の空《そら》　オ 拍車《はくしゃ》をかける

88ページの答《こた》え　(1) オ　(2) ウ　(3) エ　(4) イ　(5) ア

まんがでチェック!

[　　]に当《あ》てはまることばを、右《みぎ》ページのア〜オから選《えら》ぼう。

スケボーを[　　]に乗《の》りこなす。

ことばの意味《いみ》

ア 巻物《まきもの》
横《よこ》に長《なが》い紙《かみ》に字《じ》や絵《え》をかいて、じくに巻《ま》いたもの。

イ たくみ
手《て》ぎわがよく、やり方《かた》がうまい様子《ようす》。上手《じょうず》。

ウ さえぎる
じゃまをする。とちゅうで止《と》める。

エ 上《うわ》の空《そら》
ほかのことが気《き》になって、少《すこ》しも落《お》ち着《つ》かない様子《ようす》。

オ 拍車《はくしゃ》をかける
物《もの》ごとの進行《しんこう》をさらに急《いそ》がせて、速《はや》める。

89ページの答《こた》え　オ

43

［　］に当《あ》てはまることばを、ア～オからひとつずつ選《えら》ぼう。

(1) 都合《つごう》が悪《わる》くなると、いつも［　］。

(2) 優《ゆう》しゅう賞《しょう》を選《えら》ぶときの［　］を決《き》める。

(3) 秋《あき》の紅葉《こうよう》が野山《のやま》を［　］。

(4) ［　］と言《い》うとおりで、気《き》の合《あ》う仲間《なかま》が集《あつ》まった。

(5) 国《くに》が国民《こくみん》の安定《あんてい》した生活《せいかつ》を［　］する。

ことば

ア 類《るい》は友《とも》を呼《よ》ぶ　イ 基準《きじゅん》　ウ 言葉《ことば》をにごす

エ 保障《ほしょう》　オ いろどる

90ページの答《こた》え　(1) イ　(2) エ　(3) ア　(4) オ　(5) ウ

まんがでチェック!

□に当《あ》てはまることばを、右《みぎ》ページのア～オから選《えら》ぼう。

蘭《らん》が答《こた》えに困《こま》って□。

ことばの意味《いみ》

ア 類《るい》は友《とも》を呼《よ》ぶ
性質《せいしつ》の似《に》たものどうしや気《き》の合《あ》う者《もの》どうしは、自然《しぜん》に集《あつ》まるものだ。

イ 基準《きじゅん》
物《もの》ごとの判定《はんてい》の基《もと》になる目当《めあ》て。

ウ 言葉《ことば》をにごす
はっきり言《い》わないでおく。あいまいに言《い》う。

エ 保障《ほしょう》
わざわいを受《う》けないように守《まも》ること。

オ いろどる
色《いろ》をつける。さまざまな色《いろ》をとり合《あ》わせてかざる。

91ページの答《こた》え イ

44

□に当《あ》てはまることばを、ア～オからひとつずつ選《えら》ぼう。

(1) 会社《かいしゃ》の中《なか》で□の人員配置《じんいんはいち》をする。

(2) 若者《わかもの》の□な気持《きも》ちが日本《にっぽん》を変《か》えた。

(3) 自分《じぶん》に□仕事《しごと》を見《み》つけるのは難《むずか》しい。

(4) 静《しず》かな部屋《へや》にいれば□こともないだろう。

(5) おこづかいを当《あ》てにしても□だからね。

ことば

ア 適材適所《てきざいてきしょ》
イ ふさわしい
ウ 取《と》らぬたぬきの皮算用《かわざんよう》
エ 純粋《じゅんすい》
オ 気《き》が散《ち》る

92ページの答《こた》え　(1) ウ　(2) イ　(3) オ　(4) ア　(5) エ

まんがでチェック!

□に当《あ》てはまることばを、右《みぎ》ページのア～オから選《えら》ぼう。

良家《りょうけ》の子《こ》どもどうしで、ともに□相手《あいて》だ。

ことばの意味《いみ》

ア 適材適所《てきざいてきしょ》
その人《ひと》の性質《せいしつ》や力《ちから》にぴったりと合《あ》うように、仕事《しごと》・役目《やくめ》などを割《わ》り当《あ》てること。

イ ふさわしい
よくつり合《あ》っている。

ウ 取《と》らぬたぬきの皮算用《かわざんよう》
まだ手《て》に入《い》れていないものを当《あ》てにして、計画《けいかく》を立《た》てることのたとえ。

エ 純粋《じゅんすい》
混《ま》じりけがないこと。すなおで、しんけんな様子《ようす》。

オ 気《き》が散《ち》る
ほかのことに気《き》を取《と》られて、気持《きも》ちを集中《しゅうちゅう》できない。

93ページの答《こた》え ウ

45

□に当《あ》てはまることばを、ア〜オからひとつずつ選《えら》ぼう。

(1) 梅《うめ》の花《はな》の□なかおりがただよう。

(2) 人《ひと》を□してはいけない。

(3) 在庫《ざいこ》がなくて、商品《しょうひん》は店頭《てんとう》の□だけだ。

(4) 幕末《ばくまつ》の志士《しし》は、国《くに》を□人《ひと》たちだった。

(5) つらいときでも□ことのできる人《ひと》だ。

ことば

ア 白《しろ》い歯《は》を見《み》せる　イ 差別《さべつ》　ウ ほのか
エ 現物《げんぶつ》　オ うれえる

まんがでチェック!

[　　]に当《あ》てはまることばを、右《みぎ》ページの**ア**～**オ**から選《えら》ぼう。

祝《いわ》いの会《かい》にさそわれ、思《おも》わず[　　]。

大穴《おおあな》当《あ》てたから飲《の》もーって!
俺《おれ》は用《よう》があるって言《い》ったんだが、奴《やつ》がどーしてもってしつこくて…

ことばの意味《いみ》

ア 白《しろ》い歯《は》を見《み》せる
笑顔《えがお》をつくる。にっこり笑《わら》いかける。

イ 差別《さべつ》
差《さ》をつけて区別《くべつ》すること。分《わ》けへだて。「不平等《ふびょうどう》」の意味《いみ》をふくむ。

ウ ほのか
ぼんやりして、はっきりしない様子《ようす》。かすか。

エ 現物《げんぶつ》
実際《じっさい》の品物《しなもの》。今《いま》ある品物《しなもの》。お金《かね》に対《たい》しての、品物《しなもの》。物品《ぶっぴん》。

オ うれえる
心配《しんぱい》する。なげく。

95ページの答《こた》え　イ

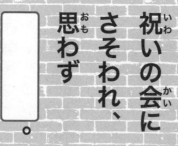

46

□に当《あ》てはまることばを、ア～オからひとつずつ選《えら》ぼう。

(1) 新規事業《しんきじぎょう》のゆくえは、残念《ざんねん》ながら□だ。

(2) 宗教家《しゅうきょうか》は□の精神《せいしん》で人々《ひとびと》を救《すく》う。

(3) タバコのけむりには□な物質《ぶっしつ》がふくまれる。

(4) 私《わたし》は、この結果《けっか》には□のだ。

(5) 年上《としうえ》だからといって□のはどうかと思《おも》う。

ことば

ア 有害《ゆうがい》　イ 博愛《はくあい》　ウ 大《おお》きな顔《かお》をする　エ 五里霧中《ごりむちゅう》　オ あき足《た》りない

96ページの答《こた》え　(1) ウ　(2) イ　(3) エ　(4) オ　(5) ア

まんがでチェック!

[　]に当《あ》てはまることばを、右《みぎ》ページの**ア**〜**オ**から選《えら》ぼう。

コナンが[　　]のまま調査《ちょうさ》を続《つづ》ける。

どーいう事《こと》だ!?

……とにかく、もっと調《しら》べてみないと…
なにがなんだか…

ことばの意味《いみ》

ア **有害《ゆうがい》**
害《がい》があること。さまたげになること。

イ **博愛《はくあい》**
分《わ》けへだてなく、すべての人《ひと》を愛《あい》すること。

ウ **大《おお》きな顔《かお》をする**
いばった態度《たいど》をとる。

エ **五里霧中《ごりむちゅう》**
どうしていいのか、さっぱりわからないことのたとえ。

オ **あき足《た》りない**
もの足《た》りない。十分《じゅうぶん》でない。満足《まんぞく》しない。

97ページの答《こた》え　ア

47

□に当《あ》てはまることばを、ア〜オからひとつずつ選《えら》ぼう。

(1) 複雑《ふくざつ》すぎて私《わたし》には□課題《かだい》だ。

(2) 人《ひと》の物《もの》をぬすむなんて□だ。

(3) おたがいに争《あらそ》っているが、□にすぎない。

(4) するどい質問《しつもん》をあいまいな答《こた》えで□。

(5) この話《はなし》は□にしておこう。

ことば

ア 内密《ないみつ》　イ どんぐりの背比《せいくら》べ　ウ 手《て》にあまる
エ はぐらかす　オ 言語道断《ごんごどうだん》

98ページの答《こた》え　(1) エ　(2) イ　(3) ア　(4) オ　(5) ウ

まんがでチェック!

[ ]に当《あ》てはまることばを、右《みぎ》ページのア～オから選《えら》ぼう。

都合《つごう》が悪《わる》くなりそうだったので、適当《てきとう》に[ ]。

ことばの意味《いみ》

ア 内密《ないみつ》
人《ひと》に知《し》らせないこと。

イ どんぐりの背比《せいくら》べ
どれも同《おな》じくらいで、すぐれたもののいないこと。

ウ 手《て》にあまる
自分《じぶん》の力《ちから》では、始末《しまつ》できない。持《も》てあます。

エ はぐらかす
質問《しつもん》などからのがれようと、うまくごまかしてかわす。

オ 言語道断《ごんごどうだん》
言葉《ことば》では言《い》い表《あらわ》せないほど、ひどいこと。もってのほか。

99ページの答《こた》え エ

48

□に当《あ》てはまることばを、ア〜オからひとつずつ選《えら》ぼう。

(1) 遊《あそ》びに夢中《むちゅう》で勉強《べんきょう》を□にする。

(2) 理論的《りろんてき》に反論《はんろん》されて□と感《かん》じた。

(3) 調査《ちょうさ》をするために、□質問《しつもん》を用意《ようい》する。

(4) □の返事《へんじ》ばかりしていたら、おこられた。

(5) 首脳会談《しゅのうかいだん》の前《まえ》に、相手《あいて》との□を図《はか》る。

ことば

ア おうむ返《がえ》し　イ おろそか　ウ あらかじめ
エ 接触《せっしょく》　オ 旗色《はたいろ》が悪《わる》い

100ページの答《こた》え　(1) ウ　(2) オ　(3) イ　(4) エ　(5) ア

まんがでチェック！

[　　]に当《あ》てはまることばを、右《みぎ》ページの**ア**～**オ**から選《えら》ぼう。

[　　]話《はな》したとおりにたおれる。

ことばの意味《いみ》

ア　おうむ返《がえ》し
オウムが人《ひと》の口《くち》まねをするように、相手《あいて》の言葉《ことば》をそのままくり返《かえ》して言《い》うこと。

イ　おろそか
いい加減《かげん》な様子《ようす》。

ウ　あらかじめ
それよりも前《まえ》に。前《まえ》もって。

エ　接触《せっしょく》
他《た》の人《ひと》や他《た》の国《くに》とかかわりを持《も》つこと。近《ちか》づいて、ふれること。

オ　旗色《はたいろ》が悪《わる》い
負《ま》けそうな様子《ようす》。

101ページの答《こた》え　エ

49

□に当《あ》てはまることばを、ア～オからひとつずつ選《えら》ぼう。

(1) □日常《にちじょう》にこそ幸《しあわ》せを見《み》つけられる。

(2) 君《きみ》とぼくは□がいいね。

(3) あの人《ひと》は料理《りょうり》の世界《せかい》で□と呼《よ》ばれている。

(4) 優勝《ゆうしょう》するためにチームのみんなが□する。

(5) 証言《しょうげん》にはおかしな点《てん》があるので、□だ。

ことば

ア カリスマ
イ 半信半疑《はんしんはんぎ》
ウ ありふれた
エ 相性《あいしょう》
オ 結束《けっそく》

102ページの答《こた》え (1) イ (2) オ (3) ウ (4) ア (5) エ

まんがでチェック!

［　］に当《あ》てはまることばを、右《みぎ》ページのア～オから選《えら》ぼう。

少年探偵団《しょうねんたんていだん》が［　］してそう査《さ》に加《くわ》わる。

ことばの意味《いみ》

ア カリスマ
人々《ひとびと》の心《こころ》を引《ひ》きつけるようななみはずれてすぐれた才能《さいのう》や能力《のうりょく》。また、それを持《も》つ人《ひと》。

イ 半信半疑《はんしんはんぎ》
うそか本当《ほんとう》かが、はっきりわからないこと。

ウ ありふれた
どこにでもあってめずらしくない。

エ 相性《あいしょう》
おたがいの性格《せいかく》や好《この》みが合《あ》うこと。人《ひと》と人《ひと》、人《ひと》と物《もの》とがしっくり合《あ》うかどうか。

オ 結束《けっそく》
ある目的《もくてき》のため、人々《ひとびと》が心《こころ》を合《あ》わせてまとまること。ひもなどで物《もの》を束《たば》ねること。

103ページの答《こた》え　ウ

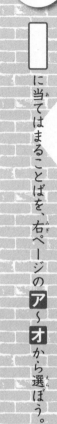

50

□に当《あ》てはまることばを、ア～オからひとつずつ選《えら》ぼう。

(1) □に自由研究《じゆうけんきゅう》に取《と》り組《く》んだ。

(2) すなおに□を出《だ》せる人《ひと》でありたい。

(3) 方針《ほうしん》に反対《はんたい》して、団結《だんけつ》に□ことになった。

(4) □といわれるから、友《とも》だち選《えら》びは大切《たいせつ》だ。

(5) 新《あら》たな協力者《きょうりょくしゃ》を得《え》て、新事業《しんじぎょう》に□ことになった。

ことば

ア 水《みず》を差《さ》す
イ 目鼻《めはな》がつく
ウ 朱《しゅ》に交《まじ》われば赤《あか》くなる
エ 喜怒哀楽《きどあいらく》
オ 一心不乱《いっしんふらん》

104ページの答《こた》え (1) ウ (2) エ (3) ア (4) オ (5) イ

まんがでチェック!

□に当《あ》てはまることばを、右《みぎ》ページのア〜オから選《えら》ぼう。

使《つか》われたきょう器《き》を、□に探《さが》す。

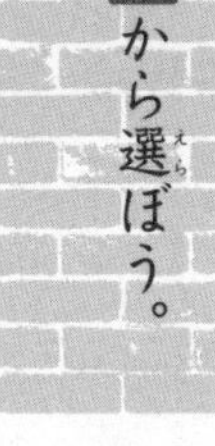

ことばの意味《いみ》

ア 水《みず》を差《さ》す
じゃまをして、うまくいかないようにする。

イ 目鼻《めはな》がつく
物《もの》ごとがだいたいでき上《あ》がる。物《もの》ごとの見《み》通《とお》しが立《た》つ。

ウ 朱《しゅ》に交《まじ》われば赤《あか》くなる
つき合《あ》う友《とも》だちのよい悪《わる》いで、よくも悪《わる》くもなるということわざ。

エ 喜怒哀楽《きどあいらく》
喜《よろこ》びと、いかりと、悲《かな》しみと、楽《たの》しみ。人間《にんげん》の感情《かんじょう》のいろいろな姿《すがた》。

オ 一心不乱《いっしんふらん》
心《こころ》を一《ひと》つのことに向《む》け、ほかのことは考《かんが》えないこと。

105ページの答《こた》え　オ

51

□に当《あ》てはまることばを、ア～オからひとつずつ選《えら》ぼう。

(1) 鉄道《てつどう》のトンネルが山《やま》を□。

(2) おもしろくてためになるから□だね。

(3) 連《れん》らくがないと、どうしたのかと□ことになる。

(4) 敵《てき》が強《つよ》かったのではなく、私《わたし》が□したのだ。

(5) 画期的《かっきてき》な商品《しょうひん》だったが、□が相次《あいつ》いだ。

ことば

ア 一挙両得《いっきょりょうとく》　イ 気《き》をもむ　ウ つらぬく
エ クレーム　オ 自滅《じめつ》

106ページの答《こた》え　(1) オ　(2) エ　(3) ア　(4) ウ　(5) イ

まんがでチェック!

[　]に当《あ》てはまることばを、右《みぎ》ページのア～オから選《えら》ぼう。

蘭《らん》がだれを待《ま》っているのかと[　]。

誰《だれ》なんだ?
そんなウキウキ顔《がお》で
誰《だれ》を待《ま》ってんだよ?
蘭《らん》…
Menu

ことばの意味《いみ》

ア 一挙両得《いっきょりょうとく》
一《ひと》つのことをして、二《ふた》つの得《とく》をすること。

イ 気《き》をもむ
あれこれ心配《しんぱい》する。やきもきする。

ウ つらぬく
つき通《とお》す。端《はし》から端《はし》へ通《とお》す。

エ クレーム
苦情《くじょう》。苦言《くげん》。

オ 自滅《じめつ》
ひとりでにほろびること。自然《しぜん》にほろびること。自分《じぶん》で自分《じぶん》をほろぼすこと。

107ページの答《こた》え オ

52

□に当《あ》てはまることばを、ア～オからひとつずつ選《えら》ぼう。

(1) ほかの人《ひと》がやらない新《あら》たなぼう険《けん》を□。

(2) 大切《たいせつ》な人《ひと》へのおくり物《もの》を□。

(3) 意見《いけん》が□する相手《あいて》とも上手《じょうず》につき合《あ》う。

(4) □で、かれは失敗《しっぱい》を全《まった》く気《き》にしていない。

(5) あなたの熱心《ねっしん》さには、本当《ほんとう》に□思《おも》いがする。

ことば

ア 対立《たいりつ》　イ 頭《あたま》が下《さ》がる　ウ たずさえる

エ くわだてる　オ のど元《もと》過《す》ぎれば熱《あつ》さを忘《わす》れる

108ページの答《こた》え　(1) ウ　(2) ア　(3) イ　(4) オ　(5) エ

まんがでチェック!

□に当《あ》てはまることばを、右《みぎ》ページのア〜オから選《えら》ぼう。

小五郎《こごろう》を
おとしいれることを□。

ことばの意味《いみ》

ア 対立《たいりつ》
二《ふた》つのものが反対《はんたい》の立場《たちば》に立《た》って、たがいにゆずらないこと。

イ 頭《あたま》が下《さ》がる
自然《しぜん》に尊敬《そんけい》したり、感謝《かんしゃ》したりする気持《きも》ちになる。

ウ たずさえる
手《て》に持《も》ったり身《み》につけたりする。手《て》に手《て》を取《と》り合《あ》って行《い》く。

エ くわだてる
計画《けいかく》を立《た》てる。もくろむ。

オ のど元《もと》過《す》ぎれば熱《あつ》さを忘《わす》れる
苦《くる》しかったことやつらかったことも、過《す》ぎてしまえば忘《わす》れてしまうことのたとえ。

109ページの答《こた》え　イ

53

□に当《あ》てはまることばを、ア～オからひとつずつ選《えら》ぼう。

(1) 問題《もんだい》は□解決《かいけつ》されるだろう。

(2) よく働《はたら》いた従業員《じゅうぎょういん》を社長《しゃちょう》が□。

(3) 問題解決《もんだいかいけつ》のために、専門家《せんもんか》の□をもらう。

(4) 歌《うた》を歌《うた》うことが、私《わたし》にとっての□だ。

(5) したいことができるのにやらないのは□だ。

ことば

ア 娯楽《ごらく》　イ 助言《じょげん》　ウ おろか　エ いずれ　オ ねぎらう

まんがでチェック!

□に当《あ》てはまることばを、右《みぎ》ページのア～オから選《えら》ぼう。

灰原哀《はいばらあい》がコナンに□する。

小林先生《こばやしせんせい》はあなたの推理《すいり》初《はじ》めてなんだから…
少《すこ》しは遠慮《えんりょ》しなさいよ!

ことばの意味《いみ》

ア 娯楽《ごらく》
心《こころ》をなぐさめるもの。遊《あそ》びや楽《たの》しみ。

イ 助言《じょげん》
そばで助《たす》けになるような言葉《ことば》を言《い》ってあげること。また、その言葉《ことば》。

ウ おろか
考《かんが》えの足《た》りない様子《ようす》。かしこくない様子《ようす》。

エ いずれ
どうせ。結局《けっきょく》は。そのうちに。

オ ねぎらう
骨折《ほねお》りを、いたわりなぐさめる。

111ページの答《こた》え エ

54

□に当《あ》てはまることばを、ア～オからひとつずつ選《えら》ぼう。

(1) 子《こ》どもに□宝《たから》はない。

(2) 論文《ろんぶん》の文章《ぶんしょう》は、全体《ぜんたい》の□が重要《じゅうよう》だ。

(3) □話《はなし》でもしっかりと聞《き》いておくほうがよい。

(4) 仲《なか》よくなるには、おたがいの□が大切《たいせつ》だ。

(5) ひとけたの足《た》し算《ざん》の問題《もんだい》は□に解《と》ける。

ことば

ア コミュニケーション　イ 容易《ようい》　ウ まさる

エ 耳《みみ》が痛《いた》い　オ 構成《こうせい》

112ページの答《こた》え　(1) エ　(2) オ　(3) イ　(4) ア　(5) ウ

まんがでチェック！

[ ]に当《あ》てはまることばを、右《みぎ》ページのア〜オから選《えら》ぼう。

失敗《しっぱい》したことを言《い》われて[ ]。

ことばの意味《いみ》

ア コミュニケーション
言葉《ことば》、身《み》ぶりなどで、おたがいの考《かんが》えや気持《きも》ちを伝《つた》え合《あ》うこと。

イ 容易《ようい》
簡単《かんたん》なこと。手軽《てがる》なこと。

ウ まさる
ほかよりすぐれている。

エ 耳《みみ》が痛《いた》い
自分《じぶん》のあやまちや弱《よわ》みをつかれて、聞《き》くのがつらい。

オ 構成《こうせい》
各部分《かくぶぶん》を集《あつ》めて全体《ぜんたい》を組《く》み立《た》てること。組《く》み立《た》てられ方《かた》。

113ページの答《こた》え イ

55

□に当《あ》てはまることばを、ア〜オからひとつずつ選《えら》ぼう。

(1) 合格《ごうかく》をめざして□に勉強《べんきょう》する。

(2) 野生動物《やせいどうぶつ》の世界《せかい》は□の世界《せかい》だ。

(3) いい天気《てんき》で遠《とお》くの山《やま》が□と見《み》えている。

(4) 許《ゆる》してやってもいい。□一度《いちど》だけだぞ。

(5) 才能《さいのう》あるかれは、将来《しょうらい》必《かなら》ず□だろう。

ことば

ア ただし　イ 頭角《とうかく》を現《あらわ》す　ウ くっきり

エ わき目《め》もふらず　オ 弱肉強食《じゃくにくきょうしょく》

114ページの答《こた》え　(1) ウ　(2) オ　(3) エ　(4) ア　(5) イ

まんがでチェック!

□に当《あ》てはまることばを、右《みぎ》ページのア～オから選《えら》ぼう。

かみなりの光《ひかり》で落《お》ち武者《むしゃ》のかげが□映《うつ》る。

ことばの意味《いみ》

ア ただし
前文《ぜんぶん》に条件《じょうけん》をつけくわえるときの言葉《ことば》。けれども。しかし。

イ 頭角《とうかく》を現《あらわ》す
すぐれた能力《のうりょく》を現《あらわ》し、目立《めだ》つようになる。

ウ くっきり
はっきりと見《み》える様子《ようす》。

エ わき目《め》もふらず
ほかのことに目《め》を向《む》けないで、一《ひと》つのことにはげむ様子《ようす》。

オ 弱肉強食《じゃくにくきょうしょく》
弱《よわ》い者《もの》が強《つよ》い者《もの》のえじきになること。

115ページの答《こた》え　エ

56

□ に当《あ》てはまることばを、ア～オからひとつずつ選《えら》ぼう。

(1) 今日《きょう》は□で気持《きも》ちがいい。

(2) 我《わ》が家《や》の庭《にわ》は、□ほどのものだ。

(3) 思《おも》いもよらないことで□ことになった。

(4) 楽《たの》しんで続《つづ》けているとうまくなる。□だね。

(5) 信《しん》じられなくても□の話《はなし》だとは限《かぎ》らない。

ことば

ア あわを食《く》う　イ 架空《かくう》　ウ 小春日和《こはるびより》

エ 好《す》きこそ物《もの》の上手《じょうず》なれ　オ ねこの額《ひたい》

116ページの答《こた》え　(1) エ　(2) オ　(3) ウ　(4) ア　(5) イ

まんがでチェック!

□に当《あ》てはまることばを、右《みぎ》ページの**ア**～**オ**から選《えら》ぼう。

橋《はし》が落《お》ちているのを見《み》て□。

ちょっとウソでしょ!?
は、橋《はし》が落《お》ちてる!!

ことばの意味《いみ》

ア あわを食《く》う
おどろいてあわてる。

イ 架空《かくう》
実際《じっさい》にはないことを、想像《そうぞう》で作《つく》り上《あ》げること。

ウ 小春日和《こはるびより》
十一月《じゅういちがつ》ごろの、春《はる》のようにあたたかい日《ひ》。

エ 好《す》きこそ物《もの》の上手《じょうず》なれ
何《なに》ごとも好《す》きなことは熱心《ねっしん》にするので、自然《しぜん》と上手《じょうず》になるということわざ。

オ ねこの額《ひたい》
大変《たいへん》せまい場所《ばしょ》のたとえ。

117ページの答《こた》え ウ

57

□に当《あ》てはまることばを、ア～オからひとつずつ選《えら》ぼう。

(1) 人《ひと》の心《こころ》を傷《きず》つけた□を受《う》ける。

(2) うまくやろうとして、逆《ぎゃく》に□。

(3) おこづかいとプレゼントをもらって□だ。

(4) 人気《にんき》の商品《しょうひん》に□した物《もの》には気《き》をつけよう。

(5) 落《お》とし物《もの》に□のある人《ひと》は見《み》に来《き》てください。

ことば

ア 両手《りょうて》に花《はな》　イ 報《むく》い　ウ 痛《いた》い目《め》にあう

エ 類似《るいじ》　オ 心当《こころあ》たり

118ページの答《こた》え　(1) ウ　(2) オ　(3) ア　(4) エ　(5) イ

まんがでチェック!

□に当《あ》てはまることばを、右《みぎ》ページの**ア**～**オ**から選《えら》ぼう。

このにおいには［　　］がある。

ことばの意味《いみ》

ア **両手《りょうて》に花《はな》**
二《ふた》つのよい物《もの》をひとりじめにすること。

イ **報《むく》い**
自分《じぶん》のしたことの結果《けっか》として受《う》ける幸《しあわ》せや災難《さいなん》。

ウ **痛《いた》い目《め》にあう**
つらい目《め》にあう。つらい思《おも》いをさせられる。

エ **類似《るいじ》**
おたがいに似《に》ていること。

オ **心当《こころあ》たり**
思《おも》い当《あ》たること。見当《けんとう》をつけたところ。

119ページの答《こた》え **ア**

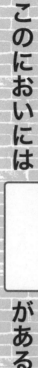

58

□に当《あ》てはまることばを、ア～オからひとつずつ選《えら》ぼう。

(1) 今度《こんど》の講演会《こうえんかい》の□が決《き》まった。

(2) どんなにあやまられても□。

(3) パソコンの□の仕方《しかた》を覚《おぼ》える。

(4) 工作《こうさく》をするのに□の注意《ちゅうい》をはらった。

(5) これからは□な視点《してん》で考《かんが》える必要《ひつよう》がある。

ことば

ア 細心《さいしん》　イ グローバル　ウ 腹《はら》の虫《むし》が治《おさ》まらない

エ 題目《だいもく》　オ 操作《そうさ》

120ページの答《こた》え　(1) イ　(2) ウ　(3) ア　(4) エ　(5) オ

まんがでチェック!

□に当《あ》てはまることばを、右《みぎ》ページのア～オから選《えら》ぼう。

暗証番号《あんしょうばんごう》をおして機器《きき》を□する。

ことばの意味《いみ》

ア 細心《さいしん》
細《こま》かいところにまで心《こころ》を配《くば》ること。

イ グローバル
世界的《せかいてき》な規模《きぼ》である様子《ようす》。

ウ 腹《はら》の虫《むし》が治《おさ》まらない
しゃくにさわって、がまんできない。

エ 題目《だいもく》
書物《しょもつ》などの題《だい》。話《はな》し合《あ》いなどで取《と》り上《あ》げる問題《もんだい》。

オ 操作《そうさ》
機械《きかい》などを動《うご》かすこと。操《あやつ》ること。

121ページの答《こた》え オ

59

□に当《あ》てはまることばを、ア～オからひとつずつ選《えら》ぼう。

（1）失敗《しっぱい》して□思《おも》いがする。

（2）教室《きょうしつ》のそうじを□して行《おこな》う。

（3）定期的《ていきてき》に□のはいいことだ。

（4）友《とも》だちに本当《ほんとう》の気持《きも》ちを□する。

（5）成功《せいこう》するかどうか、□やってみよう。

ことば

ア かた身《み》がせまい　イ ひざを交《まじ》える　ウ 率先《そっせん》
エ 告白《こくはく》　オ 一《いち》か八《ばち》か

まんがでチェック!

右《みぎ》ページの［　］に当《あ》てはまることばを、ア～オから選《えら》ぼう。

好《す》きだという心《こころ》のうちを［　］する。

ことばの意味《いみ》

ア かた身《み》がせまい
世《よ》の中《なか》に対《たい》して、引《ひ》け目《め》を感《かん》じている。

イ ひざを交《まじ》える
親《した》しく話《はな》し合《あ》う。

ウ 率先《そっせん》
自分《じぶん》から先《さき》に立《た》って物《もの》ごとを行《おこな》うこと。

エ 告白《こくはく》
心《こころ》の中《なか》にかくしていたことを、人《ひと》に打《う》ち明《あ》けること。

オ 一《いち》か八《ばち》か
どうなるかわからないが、思《おも》い切《き》ってやってみること。

123ページの答《こた》え　オ

60

□に当《あ》てはまることばを、ア～オからひとつずつ選《えら》ぼう。

(1) □をなくすことで強《つよ》くなれる。

(2) むやみに知識《ちしき》を□ときらわれる。

(3) 見《み》ず知《し》らずの人《ひと》に助《たす》けられて、□と思《おも》った。

(4) クリスマスケーキを六人《ろくにん》で□に分《わ》ける。

(5) 何《なに》も言《い》わないから、□忘《わす》れたのかと思《おも》った。

ことば

ア てっきり　イ わたる世間《せけん》におにはない　ウ 等分《とうぶん》

エ 弱点《じゃくてん》　オ ひけらかす

124ページの答《こた》え　(1) ア　(2) ウ　(3) イ　(4) エ　(5) オ

まんがでチェック！

[　　]に当《あ》てはまることばを、右《みぎ》ページの**ア**～**オ**から選《えら》ぼう。

[　　]毛利夫人《もうりふじん》だと思《おも》ってしまった。

ことばの意味《いみ》

ア てっきり
きっと。まちがいなく。

イ わたる世間《せけん》におにはない
世《よ》の中《なか》には、無情《むじょう》な人《ひと》ばかりではなく、情《なさ》け深《ぶか》い人《ひと》は、どこにでもいるものだ。

ウ 等分《とうぶん》
同《おな》じに分《わ》けること。

エ 弱点《じゃくてん》
不完全《ふかんぜん》なところ。後《うし》ろ暗《ぐら》いところ。知《し》られると困《こま》るもの。弱《よわ》み。

オ ひけらかす
じまんして見《み》せつける。見《み》せびらかす。

125ページの答《こた》え　エ

61

□に当《あ》てはまることばを、ア〜オからひとつずつ選《えら》ぼう。

(1) 調子《ちょうし》に乗《の》って□と反《はん》げきされる。

(2) 人《ひと》を□で判断《はんだん》するなと言《い》う人《ひと》が多《おお》い。

(3) よくないことは□べきだ。

(4) □をこえて人々《ひとびと》が交流《こうりゅう》する。

(5) 湖《みずうみ》の水面《すいめん》は、□鏡《かがみ》のようだった。

ことば

ア さながら　イ つけ上《あ》がる　ウ 改《あらた》める
エ 外見《がいけん》　オ 国境《こっきょう》

126ページの答《こた》え　(1) エ　(2) オ　(3) イ　(4) ウ　(5) ア

まんがでチェック!

□に当《あ》てはまることばを、右《みぎ》ページのア～オから選《えら》ぼう。

□だけで男《おとこ》の人《ひと》を気《き》に入《い》る。

ことばの意味《いみ》

ア さながら
ちょうど。まるで。そっくり。

イ つけ上《あ》がる
相手《あいて》がやさしいのをいいことに、思《おも》い上《あ》がる。

ウ 改《あらた》める
別《べつ》の新《あたら》しい物《もの》にする。直《なお》してよくする。変《か》える。

エ 外見《がいけん》
外《そと》から見《み》た様子《ようす》。見《み》かけ。うわべ。

オ 国境《こっきょう》
国《くに》と国《くに》とのさかい。国《くに》ざかい。

127ページの答《こた》え ア

62

□に当《あ》てはまることばを、ア〜オからひとつずつ選《えら》ぼう。

(1) 長年《ながねん》の願《ねが》いがかなって□がする。

(2) 頭《あたま》にきて思《おも》わずほおを□。

(3) 説明《せつめい》が□としていて理解《りかい》できない。

(4) アメリカに□するのは二日間《ふつかかん》だけだ。

(5) どちらが大《おお》きいかということは、□問題《もんだい》だ。

ことば

ア 張《は》り飛《と》ばす　イ 滞在《たいざい》　ウ 取《と》るに足《た》りない
エ 漠然《ばくぜん》　オ 天《てん》にものぼる心地《ここち》

128ページの答《こた》え　(1) イ　(2) エ　(3) ウ　(4) オ　(5) ア

まんがでチェック!

[　　]に当《あ》てはまることばを、右《みぎ》ページのア～オから選《えら》ぼう。

片思《かたおも》いしていると言《い》われて[　　]になる。

ことばの意味《いみ》

ア 張《は》り飛《と》ばす
平手《ひらて》でひどくなぐる。

イ 滞在《たいざい》
よそに行《い》って、そこにしばらくとどまること。

ウ 取《と》るに足《た》りない
取《と》り立《た》てて言《い》うほどの値打《ねう》ちがない。

エ 漠然《ばくぜん》
ぼんやりして、はっきりしない様子《ようす》。

オ 天《てん》にものぼる心地《ここち》
とてもうれしくて、心《こころ》がはずむ様子《ようす》。

129ページの答《こた》え　エ

63

□に当《あ》てはまることばを、ア～オからひとつずつ選《えら》ぼう。

(1) 私《わたし》には難《むずか》しすぎて□問題《もんだい》だ。

(2) この箱《はこ》の大《おお》きさでは、□だ。

(3) 新《あたら》しいクラスに早《はや》く□ようにしたい。

(4) 場合《ばあい》によっては、がまんを□こともある。

(5) 自分《じぶん》で考《かんが》えて、□に合《あ》わせた行動《こうどう》をとる。

ことば

ア なじむ　イ しいる　ウ シチュエーション
エ 手《て》も足《あし》も出《で》ない　オ 帯《おび》に短《みじか》したすきに長《なが》し

130ページの答《こた》え　(1) オ　(2) ア　(3) エ　(4) イ　(5) ウ

まんがでチェック!

まぁ漁師《りょうし》が海《うみ》で死《し》んだんだから本望《ほんもう》ってヤツよ！
言《い》うねぇこの姉《ねえ》ちゃん！
すっかり意気投合《いきとうごう》してやがる…

［　］に当《あ》てはまることばを、右《みぎ》ページの**ア**～**オ**から選《えら》ぼう。

漁師《りょうし》たちと［　］のに時間《じかん》はかからなかった。

ことばの意味《いみ》

ア なじむ
なれて親《した》しくなる。具合《ぐあい》がよくなる。調和《ちょうわ》する。

イ しいる
人《ひと》がいやがることを、無理《むり》にさせる。むりやりおしつける。

ウ シチュエーション
境《きょう》ぐう。事態《じたい》。形勢《けいせい》。局面《きょくめん》。

エ 手《て》も足《あし》も出《で》ない
どうにもしようがなく、たいへん困《こま》る。

オ 帯《おび》に短《みじか》したすきに長《なが》し
ちゅうとはんぱで役《やく》に立《た》たないことのたとえ。

131ページの答《こた》え　オ

64

□に当《あ》てはまることばを、ア～オからひとつずつ選《えら》ぼう。

(1) 犯人《はんにん》の動機《どうき》には□ところがある。

(2) 力《ちから》を合《あ》わせて□を乗《の》り切《き》ろう。

(3) 大《おお》みそかに祖父《そふ》の家《いえ》に行《い》くのが□となる。

(4) 出《で》かけようとした□に、電話《でんわ》が鳴《な》った。

(5) 激《はげ》しい戦《たたか》いだったが、□勝《か》つことができた。

ことば

ア かろうじて　イ やさき　ウ ふに落《お》ちない
エ 難局《なんきょく》　オ 恒例《こうれい》

132ページの答《こた》え　(1) エ　(2) オ　(3) ア　(4) イ　(5) ウ

まんがでチェック！

[　]に当《あ》てはまることばを、右《みぎ》ページのア～オから選《えら》ぼう。

蘭《らん》のおかしな行動《こうどう》が[　]。

ことばの意味《いみ》

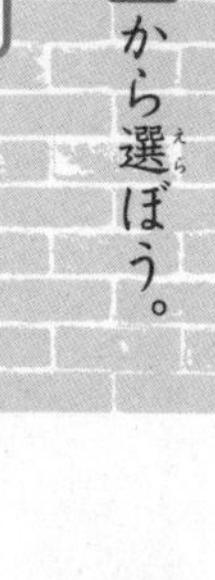

ア かろうじて
やっとのことで。からくも。

イ やさき
物《もの》ごとが始《はじ》まろうとする、ちょうどそのとき。

ウ ふに落《お》ちない
納得《なっとく》できない。飲《の》みこめない。

エ 難局《なんきょく》
始末《しまつ》しにくい、難《むずか》しい場合《ばあい》。

オ 恒例《こうれい》
いつも決《き》まって行《おこな》われること。

133ページの答《こた》え ア

65

□に当《あ》てはまることばを、ア～オからひとつずつ選《えら》ぼう。

(1) 大《おお》きな計画《けいかく》を□に進《すす》める。

(2) 研究《けんきゅう》資料《しりょう》を□してもらう。

(3) うでまえを見《み》せないのは、まさしく□だ。

(4) 人《ひと》と同《おな》じ□で大《おお》きな成果《せいか》を上《あ》げる。

(5) □で、けんかが大《おお》げさになった。

ことば

ア 提供《ていきょう》
イ 売《う》り言葉《ことば》に買《か》い言葉《ことば》
ウ 能《のう》あるたかはつめをかくす
エ ひそか
オ 労力《ろうりょく》

134ページの答《こた》え　(1) ウ　(2) エ　(3) オ　(4) イ　(5) ア

まんがでチェック!

□に当《あ》てはまることばを、右《みぎ》ページのア〜オから選《えら》ぼう。

容疑者《ようぎしゃ》を□に護送《ごそう》する。

ことばの意味《いみ》

ア 提供《ていきょう》
お金《かね》や物《もの》・技術《ぎじゅつ》などを差《さ》し出《だ》してあたえること。

イ 売《う》り言葉《ことば》に買《か》い言葉《ことば》
相手《あいて》の悪口《わるぐち》に対《たい》し、こちらも負《ま》けずに悪口《わるぐち》を言《い》うこと。

ウ 能《のう》あるたかはつめをかくす
実力《じつりょく》のある人《ひと》は、やたらに力《ちから》を見《み》せびらかすことをしない。

エ ひそか
人《ひと》に気《き》づかれないように。こっそり。

オ 労力《ろうりょく》
はたらく力《ちから》。骨折《ほねお》り。

135ページの答《こた》え ウ

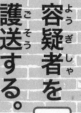

66

□に当《あ》てはまることばを、ア〜オからひとつずつ選《えら》ぼう。

(1) 結果《けっか》よりも□が大切《たいせつ》だ。

(2) とつ然《ぜん》の思《おも》いがけない知《し》らせに□。

(3) お祭《まつ》りには□な服装《ふくそう》で参加《さんか》する。

(4) □社会《しゃかい》の人《ひと》と言《い》われるには、教養《きょうよう》も必要《ひつよう》だ。

(5) かれの□努力《どりょく》が金《きん》メダルにつながった。

ことば

ア はで　イ プロセス　ウ 上流《じょうりゅう》
エ なみだぐましい　オ あっけにとられる

136ページの答《こた》え　(1) エ　(2) ア　(3) ウ　(4) オ　(5) イ

まんがでチェック!

[　]に当《あ》てはまることばを、右《みぎ》ページのア～オから選《えら》ぼう。

母親《ははおや》ではない別人《べつじん》の出現《しゅつげん》に[　　]。

ホラ、あそこに…
あなたのお母《かあ》さんが!!!
…………え?

ことばの意味《いみ》

ア はで
はなやかで目立《めだ》つ様子《ようす》。大《おお》げさで目立《めだ》つ様子《よう》子。

イ プロセス
仕事《しごと》を進《すす》める方法《ほうほう》。手順《てじゅん》。過程《かてい》。

ウ 上流《じょうりゅう》
生活《せいかつ》の程度《ていど》や地位《ちい》が高《たか》いこと。また、川《かわ》の流《なが》れの源《みなもと》の方《ほう》。川上《かわかみ》。

エ なみだぐましい
なみだが出《で》そうになる様子《ようす》。

オ あっけにとられる
思《おも》いがけないことにおどろきあきれて、ぼんやりする。

137ページの答《こた》え　エ

67

□に当《あ》てはまることばを、ア～オからひとつずつ選《えら》ぼう。

(1) いろいろやってみよう。□だ。

(2) どんなときも君《きみ》の□と決《き》めているよ。

(3) 正《ただ》しいと思《おも》ったが、□変《へん》だ。

(4) 腹痛《ふくつう》を□発熱《はつねつ》で医者《いしゃ》にみてもらう。

(5) おそう式《しき》にはでな服装《ふくそう》は□。

ことば

ア ともなう　イ そぐわない　ウ かたを持《も》つ

エ 下手《へた》な鉄砲《てっぽう》も数《かず》打ちゃ当《あ》たる　オ むしろ

まんがでチェック!

□に当《あ》てはまることばを、右《みぎ》ページのア～オから選《えら》ぼう。

いつものコナンには□しゃべり方《かた》だ。

ことばの意味《いみ》

ア ともなう
ともに起《お》こる。ついて回《まわ》る。連《つ》れて行《い》く。

イ そぐわない
似合《にあ》わない。つり合《あ》わない。ふさわしくない。

ウ かたを持《も》つ
ひいきする。味方《みかた》する。

エ 下手《へた》な鉄砲《てっぽう》も数《かず》打《う》ちゃ当《あ》たる
何回《なんかい》もしていれば、ぐうぜんうまくいくこともある。

オ むしろ
二《ふた》つのうち、どちらかといえば。いっそ。かえって。

139ページの答《こた》え オ

68

□に当《あ》てはまることばを、ア〜オからひとつずつ選《えら》ぼう。

(1) 校長先生《こうちょうせんせい》は温厚《おんこう》で、□人《ひと》だ。

(2) 大好《だいす》きな人《ひと》のことを□。

(3) それでうまくいくと思《おも》うのは□な考《かんが》えだ。

(4) 長《なが》い間《あいだ》□の友《とも》だちを心配《しんぱい》する。

(5) 好成績《こうせいせき》をあげたかれに、□ことになった。

ことば

ア あさはか　イ 案《あん》じる　ウ 白羽《しらは》の矢《や》が立《た》つ

エ こしが低《ひく》い　オ 音信不通《おんしんふつう》

まんがでチェック!

□に当《あ》てはまることばを、右《みぎ》ページの**ア**～**オ**から選《えら》ぼう。

みんなで小林先生《こばやしせんせい》の体調《たいちょう》を□。

ことばの意味《いみ》

ア **あさはか**
考《かんが》えが浅《あさ》いこと。

イ **案《あん》じる**
よく考《かんが》える。心配《しんぱい》する。

ウ **白羽《しらは》の矢《や》が立《た》つ**
たくさんの中《なか》から、特《とく》にねらわれて選《えら》び出《だ》される。

エ **こしが低《ひく》い**
人《ひと》に向《む》かって、ていねいでいばらない。へりくだる。

オ **音信不通《おんしんふつう》**
手紙《てがみ》や電話《でんわ》などによる連《れん》らくがまったくないこと。

141ページの答《こた》え **イ**

69

□に当《あ》てはまることばを、ア～オからひとつずつ選《えら》ぼう。

(1) だめなものはだめと□勇気《ゆうき》が欲《ほ》しい。

(2) 私《わたし》の絵《え》と先生《せんせい》の絵《え》は□だ。

(3) あいまいな情報《じょうほう》に□判断《はんだん》はまちがいの元《もと》だ。

(4) 両選手《りょうせんしゅ》は、この競技《きょうぎ》で□ライバル同士《どうし》だ。

(5) 家《いえ》の前《まえ》の道《みち》を□に車《くるま》が通《とお》る。

ことば

ア 言《い》い放《はな》つ　イ ひんぱん　ウ 月《つき》とすっぽん
エ しのぎをけずる　オ 基《もと》づく

142ページの答《こた》え　(1) エ　(2) イ　(3) ア　(4) オ　(5) ウ

まんがでチェック!

□に当《あ》てはまることばを、右《みぎ》ページの**ア**～**オ**から選《えら》ぼう。

お兄《にい》さんの正体《しょうたい》がピエロだと□。

ことばの意味《いみ》

ア **言《い》い放《はな》つ**
思《おも》ったことを遠《えん》りょなくきっぱり言《い》う。

イ **ひんぱん**
たびたび起《お》こる様子《ようす》。しきりに。

ウ **月《つき》とすっぽん**
二《ふた》つのものがまるでちがっていて、比《くら》べものにならないことのたとえ。

エ **しのぎをけずる**
刀《かたな》のしのぎ（刃《は》の背《せ》の少《すこ》し高《たか》くなっている部分《ぶぶん》）をけずるぐらいに、激《はげ》しく戦《たたか》う。

オ **基《もと》づく**
それがもととなって起《お》こる。よりどころになる。

143ページの答《こた》え **イ**

70

□に当《あ》てはまることばを、ア～オからひとつずつ選《えら》ぼう。

(1) 人物《じんぶつ》を細《こま》かく□した小説《しょうせつ》だ。

(2) 仕事《しごと》を□して進《すす》めないと、終《お》わらない。

(3) 特別《とくべつ》な機能《きのう》が□として用意《ようい》されている。

(4) 我《わ》が家《や》のペットは、家族《かぞく》□の存在《そんざい》だ。

(5) 戦争《せんそう》の□現実《げんじつ》は、決《けっ》して忘《わす》れてはならない。

ことば

ア オプション　イ 描写《びょうしゃ》　ウ 同様《どうよう》

エ 痛々《いたいた》しい　オ 分担《ぶんたん》

144ページの答《こた》え　(1) ア　(2) ウ　(3) オ　(4) エ　(5) イ

まんがでチェック！

[　]に当《あ》てはまることばを、右《みぎ》ページのア～オから選《えら》ぼう。

警察官《けいさつかん》たちが仕事《しごと》を[　]して事件《じけん》に備《そな》える。

ことばの意味《いみ》

ア オプション
物《もの》を買《か》ったりサービスを受《う》けたりするときに、客《きゃく》が自由《じゆう》に選《えら》べる部分《ぶぶん》。

イ 描写《びょうしゃ》
文章《ぶんしょう》や絵《え》・音楽《おんがく》などで、物《もの》ごとの様子《ようす》や人間《にんげん》の気持《きも》ちなどを表《あらわ》すこと。

ウ 同様《どうよう》
同《おな》じ様子《ようす》。

エ 痛々《いたいた》しい
かわいそうで、見《み》ていられない。

オ 分担《ぶんたん》
一《ひと》つの仕事《しごと》を分《わ》けて受《う》け持《も》つこと。

145ページの答《こた》え ア

71

□に当《あ》てはまることばを、ア～オからひとつずつ選《えら》ぼう。

(1) 作戦《さくせん》を考《かんが》えるのに□している。

(2) 悪《わる》いことをした人《ひと》を□する。

(3) まさか逆転優勝《ぎゃくてんゆうしょう》するとは、□結果《けっか》になった。

(4) 新人《しんじん》があいさつをするのが□になっている。

(5) いそがしいときに□ひまはない。

ことば

ア 慣例《かんれい》
イ 油《あぶら》を売《う》る
ウ 思《おも》いがけない
エ 非難《ひなん》
オ 四苦八苦《しくはっく》

146ページの答《こた》え　(1) イ　(2) オ　(3) ア　(4) ウ　(5) エ

まんがでチェック!

[ ]に当《あ》てはまることばを、右《みぎ》ページのア～オから選《えら》ぼう。

[ ]物《もの》がついているのを発見《はっけん》する。

ことばの意味《いみ》

ア 慣例《かんれい》
以前《いぜん》から行《おこな》われてきている、ならわし。しきたり。

イ 油《あぶら》を売《う》る
むだ話《ばなし》をして仕事《しごと》をなまける。

ウ 思《おも》いがけない
思《おも》ってもいない。思《おも》いもよらない。

エ 非難《ひなん》
欠点《けってん》やあやまちをとがめて、責《せ》めること。

オ 四苦八苦《しくはっく》
ひどい苦《くる》しみ。たいへんな苦労《くろう》。

147ページの答《こた》え オ

72

□に当《あ》てはまることばを、ア～オからひとつずつ選《えら》ぼう。

(1) 聞《き》かれても答《こた》えを□ことがある。

(2) 来週《らいしゅう》にせまった運動会《うんどうかい》の練習《れんしゅう》に□。

(3) 人《ひと》の気持《きも》ちを□ことは難《むずか》しい。

(4) □を力《ちから》にしてそれまで以上《いじょう》に強《つよ》くなる。

(5) 罪《つみ》のない人々《ひとびと》を巻《ま》きこむなんて、□ことだ。

ことば

ア 本《ほん》ごしを入《い》れる　イ むごい　ウ しぶる
エ 察《さっ》する　オ 屈辱《くつじょく》

まんがでチェック!

□に当《あ》てはまることばを、右《みぎ》ページのア～オから選《えら》ぼう。

□姿《すがた》で亡《な》くなっていた。

ことばの意味《いみ》

ア 本《ほん》ごしを入《い》れる
本気《ほんき》になって物《もの》ごとに取《と》り組《く》む。

イ むごい
情《なさ》け知《し》らずだ。残《ざん》こくだ。見《み》ていられないほどいたましい。悲《ひ》さんだ。

ウ しぶる
気《き》が進《すす》まず、なかなか承知《しょうち》しない。ためらう。

エ 察《さっ》する
事情《じじょう》などを推《お》し量《はか》って考《かんが》える。思《おも》いやる。

オ 屈辱《くつじょく》
人《ひと》におさえつけられて、はずかしい思《おも》いをすること。

149ページの答《こた》え　ウ

73

□に当《あ》てはまることばを、ア～オからひとつずつ選《えら》ぼう。

(1) 曲《ま》がって見《み》えるのは目《め》の□だ。

(2) クラスのみんなが□して大《おお》そうじをする。

(3) 世界大会《せかいたいかい》では□な記録《きろく》に終《お》わった。

(4) 興味深《きょうみぶか》い話《はなし》を聞《き》きながら□。

(5) 走《はし》ったので、□一《ひと》つ前《まえ》の電車《でんしゃ》に乗《の》れるだろう。

ことば

ア 相《あい》づちを打《う》つ　イ あわよくば　ウ 協同《きょうどう》

エ 錯覚《さっかく》　オ 平凡《へいぼん》

150ページの答《こた》え　(1) ウ　(2) ア　(3) エ　(4) オ　(5) イ

まんがでチェック!

[　]に当《あ》てはまることばを、右《みぎ》ページの**ア**～**オ**から選《えら》ぼう。

探偵団《たんていだん》のメンバーが[　]してねこを探《さが》す。

ことばの意味《いみ》

ア 相《あい》づちを打《う》つ
人《ひと》の話《はなし》を聞《き》きながら、それに調子《ちょうし》を合《あ》わせる。

イ あわよくば
うまくすると。運《うん》がよければ。

ウ 協同《きょうどう》
多《おお》くの人《ひと》が力《ちから》を出《だ》し合《あ》って一《ひと》つの仕事《しごと》をすること。

エ 錯覚《さっかく》
事実《じじつ》とちがうように、見《み》たり聞《き》いたり感《かん》じたりすること。思《おも》いちがい。

オ 平凡《へいぼん》
特《とく》にすぐれたところや、変《か》わったところのないこと。

151ページの答《こた》え イ

74

□に当《あ》てはまることばを、ア～オからひとつずつ選《えら》ぼう。

(1) まるで□とは思《おも》えないできばえだ。

(2) 状《じょう》きょうが□して願《ねが》いがかなった。

(3) コーチが選手《せんしゅ》に秘策《ひさく》を□。

(4) 夜明《よあ》けまでの仕事《しごと》に備《そな》えて□をとる。

(5) 毎年《まいとし》、決《き》められた日《ひ》までに□をする。

ことば

ア 仮眠《かみん》　イ 好転《こうてん》　ウ さずける
エ 納税《のうぜい》　オ しろうと

152ページの答《こた》え　(1) エ　(2) ウ　(3) オ　(4) ア　(5) イ

まんがでチェック!

□に当《あ》てはまることばを、右《みぎ》ページのア～オから選《えら》ぼう。

□の二人《ふたり》が事件《じけん》を推理《すいり》する。

ことばの意味《いみ》

ア　仮眠《かみん》
一時《いちじ》ちょっとねむること。

イ　好転《こうてん》
物《もの》ごとがよい方《ほう》に向《む》かうこと。よくなること。

ウ　さずける
目上《めうえ》の人《ひと》が下《した》の人《ひと》にあたえる。教《おし》える。

エ　納税《のうぜい》
税金《ぜいきん》を納《おさ》めること。

オ　しろうと
そのことに経験《けいけん》の少《すく》ない人《ひと》。また、その仕事《しごと》を職業《しょくぎょう》としていない人《ひと》。アマチュア。

153ページの答《こた》え　ウ

75

□に当《あ》てはまることばを、ア〜オからひとつずつ選《えら》ぼう。

(1) ぬれたタオルから水《みず》が□。

(2) 自分《じぶん》の名前《なまえ》を□のは、よくないことだ。

(3) 心配《しんぱい》がなくなって、やっと□ことができる。

(4) いくら説得《せっとく》しても、□でつかれてしまった。

(5) 買《か》い物《もの》をするときは、品物《しなもの》を□して選《えら》ぶ。

ことば

ア いつわる　イ のれんにうでおし　ウ 吟味《ぎんみ》

エ したたる　オ まくらを高《たか》くする

まんがでチェック!

□に当《あ》てはまることばを、右《みぎ》ページのア〜オから選《えら》ぼう。

コナンが自分《じぶん》を歩美《あゆみ》だと□。

ことばの意味《いみ》

ア いつわる
うそを言《い》う。だます。

イ のれんにうでおし
何《なに》を言《い》っても張《は》り合《あ》いのないことのたとえ。

ウ 吟味《ぎんみ》
細《こま》かいところまで、よく調《しら》べること。

エ したたる
しずくとなって落《お》ちる。

オ まくらを高《たか》くする
安心《あんしん》してねる。安心《あんしん》して暮《く》らす。

155ページの答《こた》え オ

76

□に当《あ》てはまることばを、ア〜オからひとつずつ選《えら》ぼう。

(1) 反対運動《はんたいうんどう》を□する。

(2) 宝《たから》くじに当《あ》たるのは、□なことだ。

(3) 犯人《はんにん》は□だ。もうにがさない。

(4) □の場合《ばあい》には、すぐに電話《でんわ》をかけなさい。

(5) ありがたい話《はなし》だったが□に断《ことわ》った。

ことば

ア 丁重《ていちょう》　イ ふくろのねずみ　ウ 緊急《きんきゅう》
エ 妨害《ぼうがい》　オ まれ

156ページの答《こた》え　(1) エ　(2) ア　(3) オ　(4) イ　(5) ウ

まんがでチェック!

□に当《あ》てはまることばを、右《みぎ》ページの**ア**～**オ**から選《えら》ぼう。

屋上《おくじょう》に追《お》いつめられて、まさに□だ。

ことばの意味《いみ》

ア **丁重《ていちょう》**
礼《れい》ぎ正《ただ》しく、ていねいな様子《ようす》。

イ **ふくろのねずみ**
追《お》いつめられて、のがれられなくなった様子《ようす》。

ウ **緊急《きんきゅう》**
急《いそ》いでしなければならないこと。

エ **妨害《ぼうがい》**
物《もの》ごとの進行《しんこう》に支障《ししょう》が起《お》こるようにすること。じゃまをすること。

オ **まれ**
めったにない様子《ようす》。めずらしい様子《ようす》。

157ページの答《こた》え　ア

77

□に当《あ》てはまることばを、ア〜オからひとつずつ選《えら》ぼう。

(1) 学校《がっこう》で国《くに》の□について学《まな》ぶ。

(2) □うそをつくのはやめなさい。

(3) 小《ちい》さな劇《げき》なので、配役《はいやく》に□こともある。

(4) クリスマスケーキをみんなで□に分《わ》けた。

(5) 好《す》きな思《おも》いとは□に、冷《つめ》たい態度《たいど》で接《せっ》する。

ことば

ア 成《な》り立《た》ち
イ 裏腹《うらはら》
ウ 均等《きんとう》
エ 白々《しらじら》しい
オ あぶれる

158ページの答《こた》え　(1) エ　(2) オ　(3) イ　(4) ウ　(5) ア

まんがでチェック!

□に当《あ》てはまることばを、右《みぎ》ページの**ア**～**オ**から選《えら》ぼう。

言葉《ことば》とは□にいかりを感《かん》じている。

ことばの意味《いみ》

ア 成《な》り立《た》ち
でき方《かた》。できるまでの順序《じゅんじょ》。仕組《しく》み。

イ 裏腹《うらはら》
あべこべ。反対《はんたい》。

ウ 均等《きんとう》
差《さ》がなく、等《ひと》しい様子《ようす》。

エ 白々《しらじら》しい
見《み》えすいている。うそだとすぐわかる。

オ あぶれる
仕事《しごと》にありつけない。

159ページの答《こた》え イ

78

［　］に当《あ》てはまることばを、ア～オからひとつずつ選《えら》ぼう。

(1) ［　］とした働《はたら》きぶりに感心《かんしん》する。

(2) 外国《がいこく》の軍隊《ぐんたい》が我《わ》が国《くに》に［　］する。

(3) ［　］になるけれど、我《わ》が子《こ》の作品《さくひん》は上出来《じょうでき》だ。

(4) あの親方《おやかた》には［　］弟子《でし》たちがいる。

(5) 人生《じんせい》の［　］となったのは、昔《むかし》のいじんたちの言葉《ことば》だ。

ことば

ア 手塩《てしお》にかける　イ 駐留《ちゅうりゅう》　ウ 道《みち》しるべ

エ きびきび　オ 手前《てまえ》みそ

160ページの答《こた》え　(1) ア　(2) エ　(3) オ　(4) ウ　(5) イ

まんがでチェック！

［　　］に当《あ》てはまることばを、右《みぎ》ページの**ア**〜**オ**から選《えら》ぼう。

部屋《へや》を調《しら》べに行《い》くために［　　］と行動《こうどう》する。

ことばの意味《いみ》

ア 手塩《てしお》にかける
いろいろと世話《せわ》をして、大切《たいせつ》に育《そだ》て上《あ》げる。

イ 駐留《ちゅうりゅう》
軍隊《ぐんたい》が、ある土地《とち》にとどまること。

ウ 道《みち》しるべ
行《ゆ》く先《さき》の方向《ほうこう》などを書《か》いた物《もの》。ある物《もの》ごとをわかりやすく教《おし》え導《みちび》いてくれるもの。

エ きびきび
生《い》き生《い》きして、すばやい様子《ようす》。

オ 手前《てまえ》みそ
自分《じぶん》のことをじまんすること。

161ページの答《こた》え　イ

79

□に当《あ》てはまることばを、ア～オからひとつずつ選《えら》ぼう。

(1) 時間《じかん》と空間《くうかん》を□した内容《ないよう》の小説《しょうせつ》だ。

(2) □な例《れい》をあげて説明《せつめい》する。

(3) 誕生日《たんじょうび》のおくり物《もの》に□をそえる。

(4) 植物《しょくぶつ》の生長《せいちょう》に□を合《あ》わせて研究《けんきゅう》する。

(5) 人《ひと》が何《なん》と言《い》おうと、□ことは何《なに》もない。

ことば

ア 極端《きょくたん》　イ メッセージ　ウ 焦点《しょうてん》　エ 超越《ちょうえつ》　オ 後《うし》ろめたい

162ページの答《こた》え　(1) エ　(2) イ　(3) オ　(4) ア　(5) ウ

まんがでチェック!

[　]に当《あ》てはまることばを、右《みぎ》ページの**ア**〜**オ**から選《えら》ぼう。

ひ害者《がいしゃ》が[　　]を残《のこ》していた。

ことばの意味《いみ》

ア 極端《きょくたん》
ひどくかたよっている様子《ようす》。ふつうから大《おお》きく外《はず》れている様子《ようす》。

イ メッセージ
おおやけの席上《せきじょう》で読《よ》み上《あ》げられる声明文《せいめいぶん》。または、あいさつの言葉《ことば》。知《し》らせ。伝言《でんごん》。

ウ 焦点《しょうてん》
光《ひかり》の束《たば》が一《いっ》か所《しょ》に集《あつ》まる点《てん》。人々《ひとびと》の注意《ちゅうい》や関心《かんしん》などの集《あつ》まる中心《ちゅうしん》になるところ。

エ 超越《ちょうえつ》
ふつうに考《かんが》えられることを、大《おお》きくこえていること。

オ 後《うし》ろめたい
自分《じぶん》のしたことに、やましさを感《かん》じる。

163ページの答《こた》え　エ

□に当《あ》てはまることばを、ア〜オからひとつずつ選《えら》ぼう。

(1) 好《す》きな人《ひと》の前《まえ》では□こともある。

(2) 敵《てき》のひきょうな作戦《さくせん》にかんとくが□した。

(3) 初対面《しょたいめん》なのに□して語《かた》り明《あ》かした。

(4) どの案《あん》にも□があって決《き》められない。

(5) 商品説明《しょうひんせつめい》の店員《てんいん》の話《はな》しぶりは、□のようだ。

ことば

ア 立《た》て板《いた》に水《みず》　イ 意気投合《いきとうごう》　ウ 激高《げきこう》

エ 一長一短《いっちょういったん》　オ ねこをかぶる

164ページの答《こた》え　(1) エ　(2) ア　(3) イ　(4) ウ　(5) オ

まんがでチェック!

□に当《あ》てはまることばを、右《みぎ》ページのア〜オから選《えら》ぼう。

蘭《らん》が□して
ドアをこわそうとする。

ことばの意味《いみ》

ア 立《た》て板《いた》に水《みず》
立《た》てかけてある板《いた》に水《みず》をかけたように、つかえないで、すらすら話《はな》す様子《ようす》。

イ 意気投合《いきとうごう》
おたがいの気持《きも》ちがぴったり合《あ》うこと。

ウ 激高《げきこう》
感情《かんじょう》がひどく高《たか》ぶること。ひどくおこること。

エ 一長一短《いっちょういったん》
よいところもあり、また悪《わる》いところもあること。

オ ねこをかぶる
本当《ほんとう》の性質《せいしつ》をかくして、おとなしくする。

165ページの答《こた》え イ

81

［　］に当《あ》てはまることばを、ア〜オからひとつずつ選《えら》ぼう。

(1) おおやけの場《ば》では言動《げんどう》を［　］ようにする。

(2) テニスの試合《しあい》を［　］きょりで観戦《かんせん》する。

(3) 西郷隆盛《さいごうたかもり》の［　］地《ち》は今《いま》の鹿児島県《かごしまけん》だ。

(4) 科学《かがく》の実験《じっけん》は［　］のくり返《かえ》しだ。

(5) 海《うみ》に囲《かこ》まれた日本《にっぽん》は、［　］海洋国家《かいようこっか》だ。

ことば

ア 出身《しゅっしん》　イ 至近《しきん》　ウ つつしむ
エ いわゆる　オ 試行錯誤《しこうさくご》

166ページの答《こた》え　(1) オ　(2) ウ　(3) イ　(4) エ　(5) ア

まんがでチェック!

[　]に当《あ》てはまることばを、右《みぎ》ページのア〜オから選《えら》ぼう。

コナンが、[　]きょりからますいじゅうをうつ。

ことばの意味《いみ》

ア 出身《しゅっしん》
その土地《とち》、またはその学校《がっこう》を出《で》ること。

イ 至近《しきん》
きわめて近《ちか》いこと。

ウ つつしむ
言葉《ことば》や行《おこな》いに気《き》をつける。ひかえめにする。

エ いわゆる
世《よ》の中《なか》でいっぱんに言《い》われている。よく言《い》う。

オ 試行錯誤《しこうさくご》
いろいろな方法《ほうほう》をくり返《かえ》し試《こころ》みて、失敗《しっぱい》を重《かさ》ねながら解決《かいけつ》に近《ちか》づいていくこと。

167ページの答《こた》え ウ

82

□に当《あ》てはまることばを、ア～オからひとつずつ選《えら》ぼう。

(1) アンケートの回収状《かいしゅうじょう》きょうは□良好《りょうこう》だ。

(2) これは□の素材《そざい》を使《つか》った石《せっ》けんだ。

(3) 相手《あいて》の反《はん》げきを□して守《まも》りを固《かた》める。

(4) 不合格《ふごうかく》だった人《ひと》を合格者《ごうかくしゃ》に□。

(5) お世話《せわ》になった人《ひと》の□ようなことはしない。

ことば

ア 天然《てんねん》　イ おおむね　ウ くり上《あ》げる

エ 顔《かお》にどろをぬる　オ 警戒《けいかい》

168ページの答《こた》え　(1) ウ　(2) イ　(3) ア　(4) オ　(5) エ

まんがでチェック！

□に当《あ》てはまることばを、右《みぎ》ページのア～オから選《えら》ぼう。

だれかが見《み》ているのではないかと□する。

ことばの意味《いみ》

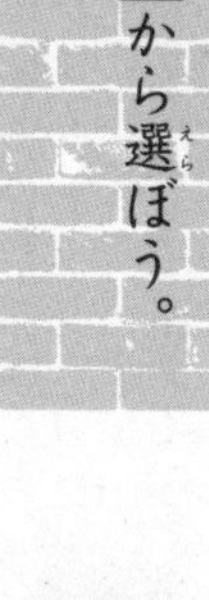

ア 天然《てんねん》
人《ひと》の手《て》を加《くわ》えないありのままの状態《じょうたい》。

イ おおむね
だいたい。おおよそ。

ウ くり上《あ》げる
順《じゅん》に上《うえ》にずらす。決《き》めた時《とき》よりも早《はや》くする。

エ 顔《かお》にどろをぬる
はじをかかせる。

オ 警戒《けいかい》
悪《わる》いことが起《お》きないよう用心《ようじん》すること。

169ページの答《こた》え イ

83

□に当《あ》てはまることばを、ア〜オからひとつずつ選《えら》ぼう。

(1) 「だいじょうぶだ」が私《わたし》の□だ。

(2) □な考《かんが》え方《かた》で課題《かだい》に取《と》り組《く》む。

(3) このタオルの□は、早《はや》くかわくことだ。

(4) 新聞《しんぶん》は、ニュースを伝《つた》える□の一《ひと》つだ。

(5) 先《せん》ぱいの口《くち》の悪《わる》さを□。

ことば

ア いさめる　イ 特色《とくしょく》　ウ 口《くち》ぐせ

エ メディア　オ ポジティブ

170ページの答《こた》え　(1) イ　(2) ア　(3) オ　(4) ウ　(5) エ

まんがでチェック!

[　　]に当《あ》てはまることばを、右《みぎ》ページのア〜オから選《えら》ぼう。

小五郎《こごろう》のところに[　　]がおしかける。

ことばの意味《いみ》

ア いさめる
（主《おも》に目上《めうえ》の人《ひと》に対《たい》して）まちがいを改《あらた》めるように言《い》う。

イ 特色《とくしょく》
特《とく》に目立《めだ》っているところ。

ウ 口《くち》ぐせ
いつも言《い》っていて、くせとなってしまった言葉《ことば》。

エ メディア
情報《じょうほう》を伝《つた》える手段《しゅだん》。特《とく》に、新聞《しんぶん》やテレビなど、多《おお》くの人《ひと》に伝《つた》える方法《ほうほう》。

オ ポジティブ
積極的《せっきょくてき》、こう定的《ていてき》である様子《ようす》。

171ページの答《こた》え　オ

84

□に当《あ》てはまることばを、ア～オからひとつずつ選《えら》ぼう。

(1) 今住《います》んでいる町《まち》は、□第二《だいに》の故郷《こきょう》だ。

(2) 選手《せんしゅ》にとっては□することも大切《たいせつ》だ。

(3) ねぼうしてちこくした。□だからしかたない。

(4) 変化《へんか》する社会《しゃかい》では、□の対応《たいおう》が求《もと》められる。

(5) 見知《みし》らぬ人《ひと》の□態度《たいど》に困《こま》り果《は》てる。

ことば

ア 休養《きゅうよう》　イ 臨機応変《りんきおうへん》　ウ 身《み》から出《で》たさび
エ ずうずうしい　オ いわば

172ページの答《こた》え　(1) ウ　(2) オ　(3) イ　(4) エ　(5) ア

まんがでチェック!

□に当《あ》てはまることばを、右《みぎ》ページの**ア**～**オ**から選《えら》ぼう。

たまには旅館《りょかん》にとまって□する。

たまには悪《わる》くないね…旅館《りょかん》に泊《と》まって祭《まつ》りに来《く》るのも!
ねえコナン君《くん》?
う、うん…

ことばの意味《いみ》

ア **休養《きゅうよう》**
仕事《しごと》を休《やす》んで心《こころ》や体《からだ》を休《やす》めること。

イ **臨機応変《りんきおうへん》**
できごとがあったとき、その場《ば》その時《とき》に合《あ》ったやり方《かた》をすること。

ウ **身《み》から出《で》たさび**
自分《じぶん》のした悪《わる》い行《おこな》いのために、自分《じぶん》が苦《くる》しむようになること。自業自得《じごうじとく》。

エ **ずうずうしい**
人《ひと》に対《たい》して遠《えん》りょする気持《きも》ちや心《こころ》づかいなどがまったくない様子《ようす》。ずぶとい。

オ **いわば**
たとえて言《い》えば。

173ページの答《こた》え　エ

85

□に当《あ》てはまることばを、ア～オからひとつずつ選《えら》ぼう。

(1) 工場《こうじょう》の□にも、学校《がっこう》がある。

(2) 厳《きび》しい上司《じょうし》に□のは大変《たいへん》だ。

(3) 手作《てづく》りの作品《さくひん》に、作者《さくしゃ》の□を感《かん》じる。

(4) こんなことも知《し》らなかったとは、□思《おも》いだ。

(5) バスの定期券《ていきけん》を□してこう入《にゅう》する。

ことば

ア 穴《あな》があったら入《はい》りたい　イ ぬくもり　ウ 継続《けいぞく》

エ 仕《つか》える　オ 付近《ふきん》

174ページの答《こた》え　(1) オ　(2) ア　(3) ウ　(4) イ　(5) エ

まんがでチェック!

□に当《あ》てはまることばを、右《みぎ》ページの**ア**～**オ**から選《えら》ぼう。

蘭《らん》とコナンは□を感《かん》じ合《あ》っている。

ことばの意味《いみ》

ア 穴《あな》があったら入《はい》りたい
はずかしくて人《ひと》に顔《かお》を見《み》られたくない気《き》持《も》ちのたとえ。

イ ぬくもり
あたたかさ。ぬくみ。

ウ 継続《けいぞく》
続《つづ》けてすること。続《つづ》くこと。

エ 仕《つか》える
目上《めうえ》の人《ひと》のそばや役所《やくしょ》などで、人《ひと》のために働《はたら》く。

オ 付近《ふきん》
その場所《ばしょ》の近《ちか》く。

175ページの答《こた》え ア

86

□に当《あ》てはまることばを、ア～オからひとつずつ選《えら》ぼう。

(1) 外《そと》から見《み》ると芸能界《げいのうかい》は□な世界《せかい》だ。

(2) 今《いま》まで順調《じゅんちょう》だったのに、□状態《じょうたい》になった。

(3) きちんとすいみんをとれば、体調《たいちょう》は□だろう。

(4) さまざまなことを□して準備《じゅんび》をする。

(5) 私《わたし》を助《たす》けてくれた□がありがたかった。

ことば

ア 持《も》ち直《なお》す　イ はなやか　ウ 厚意《こうい》
エ 雲行《くもゆ》きがあやしい　オ 想定《そうてい》

176ページの答《こた》え　(1) オ　(2) エ　(3) イ　(4) ア　(5) ウ

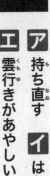

まんがでチェック!

[　]に当《あ》てはまることばを、右《みぎ》ページのア～オから選《えら》ぼう。

初《はじ》めて優勝《ゆうしょう》して、[　]なパレードをする。

ことばの意味《いみ》

ア 持《も》ち直《なお》す
いったん悪《わる》くなりかけたものが、元《もと》のよいほうへもどる。

イ はなやか
美《うつく》しく目立《めだ》つ様子《ようす》。いきおいが盛《さか》んな様《よう》子《す》。

ウ 厚意《こうい》
親切《しんせつ》なあたたかい気持《きも》ち。

エ 雲行《くもゆ》きがあやしい
天気《てんき》が悪《わる》くなりそうなこと。ものごとなどの起《お》こりそうななりゆきであること。

オ 想定《そうてい》
心《こころ》の中《なか》で、だいたいこうだろうと考《かんが》えて決《き》めること。仮《かり》に決《き》めること。

177ページの答《こた》え　イ

87

□に当《あ》てはまることばを、ア～オからひとつずつ選《えら》ぼう。

(1) お困《こま》りの方《かた》は□お申《もう》し出《で》ください。

(2) 思《おも》いがけなく高《たか》い値段《ねだん》を聞《き》いて□。

(3) □に流《なが》されると判断《はんだん》を誤《あやま》ることがある。

(4) 無《む》責任《せきにん》なかれをしかっても□だ。

(5) 私《わたし》たちはみな□仲間《なかま》だ。

ことば

ア 気《き》が置《お》けない　イ 二階《にかい》から目薬《めぐすり》　ウ 至急《しきゅう》

エ 仰天《ぎょうてん》する　オ 情《じょう》

まんがでチェック!

□に当《あ》てはまることばを、右《みぎ》ページのア～オから選《えら》ぼう。

切《き》れ落《お》ちた首《くび》を見《み》て□。

ことばの意味《いみ》

ア 気《き》が置《お》けない
遠《えん》りょをしないで気軽《きがる》につき合《あ》える。

イ 二階《にかい》から目薬《めぐすり》
物《もの》ごとが思《おも》うようにいかず、もどかしいこと。効《き》き目《め》が当《あ》てにならないこと。

ウ 至急《しきゅう》
たいへん急《いそ》ぐこと。大急《おおいそ》ぎ。

エ 仰天《ぎょうてん》する
非常《ひじょう》におどろく。

オ 情《じょう》
ものに感《かん》じて心《こころ》が動《うご》くはたらき。気持《きも》ち。なさけ。思《おも》いやり。

179ページの答《こた》え イ

88

□に当《あ》てはまることばを、ア〜オからひとつずつ選《えら》ぼう。

(1) 子《こ》どものころの□夢《ゆめ》が実現《じつげん》した。

(2) 去年《きょねん》の先《せん》ぱいたちの□になるのはいやだ。

(3) いつもおこられてばかりで□する。

(4) 難《むずか》しい仕事《しごと》だが□人《ひと》はいるか？

(5) チーム全員《ぜんいん》が□になることで試合《しあい》に勝《か》つ。

ことば

ア 二《に》の舞《まい》　イ あわい　ウ 買《か》って出《で》る

エ うんざり　オ 一心同体《いっしんどうたい》

まんがでチェック!

[　　]に当《あ》てはまることばを、右《みぎ》ページのア～オから選《えら》ぼう。

コールだけで切《き》れる電話《でんわ》に[　　]する。

ことばの意味《いみ》

ア 二《に》の舞《まい》
前《まえ》の人《ひと》と同《おな》じ失敗《しっぱい》をくり返《かえ》すこと。

イ あわい
色《いろ》や味《あじ》などがうすい。かすかである。

ウ 買《か》って出《で》る
自分《じぶん》から進《すす》んで引《ひ》き受《う》ける。

エ うんざり
あきあきして、いやになる様子《ようす》。

オ 一心同体《いっしんどうたい》
みんなが身《み》も心《こころ》も一《ひと》つにして結《むす》びつくこと。

181ページの答《こた》え　エ

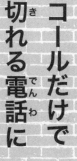

89

□に当《あ》てはまることばを、ア〜オからひとつずつ選《えら》ぼう。

(1) 小《ちい》さかったころの出来事《できごと》を□。

(2) 悪事《あくじ》を働《はたら》いた人間《にんげん》の□は許《ゆる》さない。

(3) 今度《こんど》は期待《きたい》してもむだだ。□ものだ。

(4) 徳川家康《とくがわいえやす》は江戸時代《えどじだい》の□の一人《ひとり》だ。

(5) 雨《あめ》□、かさを持《も》たずに出《で》かけた。

ことば

ア 名君《めいくん》　イ やなぎの下《した》にいつもどじょうはいない　ウ 言《い》いのがれ

エ にもかかわらず　オ 回想《かいそう》する

182ページの答《こた》え　(1) イ　(2) ア　(3) エ　(4) ウ　(5) オ

まんがでチェック！

□に当《あ》てはまることばを、
右《みぎ》ページのア〜オから選《えら》ぼう。

文字《もじ》を見《み》たことが□きっかけとなった。

ことばの意味《いみ》

ア 名君《めいくん》
すぐれた君主《くんしゅ》。名高《なだか》い君主《くんしゅ》。

イ やなぎの下《した》にいつもどじょうはいない
一度《いちど》ぐうぜんに幸運《こううん》を得《え》られても、再《ふたた》び同《おな》じ方法《ほうほう》で幸運《こううん》が得《え》られるものではない。

ウ 言《い》いのがれ
うまいことを言《い》って、ごまかすこと。

エ にもかかわらず
…であるのに。そんなわけであるのに。それなのに。

オ 回想《かいそう》する
前《まえ》にあったことを思《おも》い出《だ》す。

183ページの答《こた》え エ

90

□に当《あ》てはまることばを、ア～オからひとつずつ選《えら》ぼう。

(1) とてもよい結果《けっか》を出《だ》したかれの□。

(2) 犯人《はんにん》は□わからないままだ。

(3) かくしていたことが□になった。

(4) 背《せ》が高《たか》くても、□と呼《よ》ばれないようにしよう。

(5) 決勝戦《けっしょうせん》では、□ことになった。

ことば

ア うどの大木《たいぼく》
イ なみだをのむ
ウ 株《かぶ》が上《あ》がる
エ 依然《いぜん》として
オ あらわ

184ページの答《こた》え　(1) オ　(2) ウ　(3) イ　(4) ア　(5) エ

まんがでチェック!

□に当《あ》てはまることばを、右《みぎ》ページのア〜オから選《えら》ぼう。

明子《あきこ》さんのかたが□になるドレスだ。

わ――明子《あきこ》さん、ステキなドレス!!
あ、ありがと。

ことばの意味《いみ》

ア うどの大木《たいぼく》
体《からだ》ばかり大《おお》きくても役《やく》に立《た》たない人《ひと》のたとえ。

イ なみだをのむ
つらいことやくやしいことを、ぐっとがまんする。

ウ 株《かぶ》が上《あ》がる
その人《ひと》に対《たい》する評判《ひょうばん》がよくなる。

エ 依然《いぜん》として
元《もと》のままで変《か》わっていない様子《ようす》。相変《あいか》わらず。

オ あらわ
かくさないで表《あらわ》れている様子《ようす》。むき出《だ》し。

185ページの答《こた》え オ

91

□に当《あ》てはまることばを、ア〜オからひとつずつ選《えら》ぼう。

(1) 都会《とかい》では見《み》られない□な品物《しなもの》だ。

(2) 敵《てき》を□ことで勝利《しょうり》を手《て》に入《い》れた。

(3) 政治家《せいじか》にとって、人々《ひとびと》の□は大切《たいせつ》だ。

(4) 忘《わす》れ物《もの》をしないよう、持《も》ち物《もの》を□確認《かくにん》した。

(5) しかられているのにいねむりをし、□ことになった。

ことば

ア 再三再四《さいさんさいし》　イ 信頼《しんらい》　ウ レア

エ 火《ひ》に油《あぶら》を注《そそ》ぐ　オ あざむく

186ページの答《こた》え　(1) ウ　(2) エ　(3) オ　(4) ア　(5) イ

まんがでチェック!

□に当《あ》てはまることばを、右《みぎ》ページのア～オから選《えら》ぼう。

歩美《あゆみ》はコナンを□している。

ことばの意味《いみ》

ア 再三再四《さいさんさいし》
くり返《かえ》し何度《なんど》も。

イ 信頼《しんらい》
信《しん》じて、たよりに思《おも》うこと。

ウ レア
まれなこと。めずらしいこと。また、そういう様子《ようす》。

エ 火《ひ》に油《あぶら》を注《そそ》ぐ
勢《いきお》いのはげしいものに、さらに勢《いきお》いをあたえる。

オ あざむく
だます。見《み》まちがえる。

187ページの答《こた》え オ

92

□に当《あ》てはまることばを、ア～オからひとつずつ選《えら》ぼう。

(1) スポーツマンとして□選手《せんしゅ》だ。

(2) 雨《あめ》の日《ひ》は、買《か》い物《もの》に出《で》るのが□。

(3) 相手《あいて》が強《つよ》すぎて、こちらから□ことになった。

(4) 話《はな》し合《あ》いがこじれて、□がつかなくなる。

(5) 敵《てき》とにらみ合《あ》って□の状態《じょうたい》だ。

ことば

ア かぶとをぬぐ　イ 非《ひ》の打《う》ちどころがない　ウ わずらわしい

エ 一触即発《いっしょくそくはつ》　オ 収拾《しゅうしゅう》

188ページの答《こた》え　(1) ウ　(2) オ　(3) イ　(4) ア　(5) エ

まんがでチェック!

［　］に当《あ》てはまることばを、右《みぎ》ページのア～オから選《えら》ぼう。

小五郎《こごろう》の力《ちから》を知《し》って、すし屋《や》さんが［　　］。

ことばの意味《いみ》

ア かぶとをぬぐ
敵《てき》に降参《こうさん》する。相手《あいて》に、かなわないという態度《たいど》を示《しめ》す。

イ 非《ひ》の打《う》ちどころがない
どこにも欠点《けってん》がなく、完全《かんぜん》である。まったくとがめるべきところがない。

ウ わずらわしい
めんどうくさい。うるさい。こみ入《い》っている。

エ 一触即発《いっしょくそくはつ》
小《ちい》さなきっかけで大変《たいへん》な事態《じたい》が発生《はっせい》しそうなこと。

オ 収拾《しゅうしゅう》
物《もの》ごとをまとめ、収《おさ》まりをつけること。

189ページの答《こた》え イ

93

□に当《あ》てはまることばを、ア～オからひとつずつ選《えら》ぼう。

(1) はずかしさで耳《みみ》まで□。

(2) 親《おや》が子《こ》どもに□のは心配《しんぱい》しているからだ。

(3) □だと思《おも》って聞《き》いていたら、作《つく》り話《ばなし》だった。

(4) この商品《しょうひん》の□は40パーセント以上《いじょう》だ。

(5) 数々《かずかず》の苦難《くなん》を乗《の》りこえて、人生《じんせい》を□ことができた。

ことば

ア ほてる　イ 干渉《かんしょう》する　ウ さとる
エ 実話《じつわ》　オ シェア

190ページの答《こた》え　(1) イ　(2) ウ　(3) ア　(4) オ　(5) エ

まんがでチェック!

□に当《あ》てはまることばを、右《みぎ》ページのア〜オから選《えら》ぼう。

小五郎《こごろう》の様子《ようす》を見《み》て自分《じぶん》のミスを□。

ことばの意味《いみ》

ア ほてる
顔《かお》や体《からだ》が熱《あつ》くなる。また、熱《あつ》く感《かん》じる。

イ 干渉《かんしょう》する
わきから口《くち》出《だ》しをする。

ウ さとる
人間《にんげん》の本当《ほんとう》の生《い》き方《かた》がわかる。はっきりとわかる。気《き》づく。感《かん》づく。

エ 実話《じつわ》
本当《ほんとう》にあった話《はなし》。

オ シェア
ある品物《しなもの》について、特定《とくてい》の会社《かいしゃ》の作《つく》った商品《しょうひん》がしめる割合《わりあい》。

191ページの答《こた》え ア

94

□に当《あ》てはまることばを、ア～オからひとつずつ選《えら》ぼう。

(1) 博士《はかせ》の発明《はつめい》は□なものだ。

(2) この海岸《かいがん》に□伝説《でんせつ》を聞《き》く。

(3) かれは仕事《しごと》の上《うえ》でかけがえのない□だ。

(4) 最後《さいご》にミスをして、努力《どりょく》が□になった。

(5) 思《おも》い通《どお》りにならなくても□ことはない。

ことば

ア 水《みず》のあわ　イ ひねくれる　ウ 相棒《あいぼう》

エ 画期的《かっきてき》　オ まつわる

192ページの答《こた》え　(1) ア　(2) イ　(3) エ　(4) オ　(5) ウ

まんがでチェック!

□に当《あ》てはまることばを、右《みぎ》ページのア～オから選《えら》ぼう。

服部平次《はっとりへいじ》はコナンのよき□だ。

ことばの意味《いみ》

ア 水《みず》のあわ
努力《どりょく》したことがむだになることのたとえ。

イ ひねくれる
すなおでなくなる。ねじける。

ウ 相棒《あいぼう》
いっしょに物《もの》ごとをする相手《あいて》。

エ 画期的《かっきてき》
新時代《しんじだい》を開《ひら》くと思《おも》われるほど、今《いま》までになかった新《あたら》しいことを始《はじ》める様子《ようす》。

オ まつわる
そのことに関係《かんけい》がある。からみつく。つきまとう。

193ページの答《こた》え ウ

95

□に当《あ》てはまることばを、ア〜オからひとつずつ選《えら》ぼう。

(1) ここが勝負《しょうぶ》どころだ。絶対《ぜったい》に□な。

(2) 10分《ぷん》後《ご》に運転再開《うんてんさいかい》の□だ。

(3) 自分《じぶん》の将来《しょうらい》について□する。

(4) □のおよろこびを申《もう》し上《あ》げます。

(5) □流行《りゅうこう》を追《お》う世《よ》の中《なか》だ。

ことば

ア 思念《しねん》　イ 気《き》をぬく　ウ 見《み》こみ

エ ねこもしゃくしも　オ 初春《はつはる》

194ページの答《こた》え　(1) エ　(2) オ　(3) ウ　(4) ア　(5) イ

まんがでチェック!

□に当《あ》てはまることばを、右《みぎ》ページのア～オから選《えら》ぼう。

□とつい、あくびが出《で》る。

ことばの意味《いみ》

ア 思念《しねん》
思《おも》い考《かんが》えること。常《つね》に心《こころ》に深《ふか》く思《おも》っていること。

イ 気《き》をぬく
きんちょうをゆるめる。

ウ 見《み》こみ
これからこうなるだろうという予想《よそう》。目当《めあ》て。計画《けいかく》。

エ ねこもしゃくしも
だれもかれも。

オ 初春《はつはる》
春《はる》の初《はじ》め。しょしゅん。年《とし》の初《はじ》め。新年《しんねん》。

195ページの答《こた》え ウ

96

□に当《あ》てはまることばを、ア～オからひとつずつ選《えら》ぼう。

(1) 希少価値《きしょうかち》の高《たか》い□を公開《こうかい》する。

(2) 作文《さくぶん》を見直《みなお》して、文章《ぶんしょう》の□をする。

(3) 私《わたし》が□先生《せんせい》は、ようちえんのときの先生《せんせい》だ。

(4) 成績《せいせき》アップを□ものを取《と》り除《のぞ》く。

(5) 墓地《ぼち》の前《まえ》を□で走《はし》りぬけた。

ことば

ア 宝物《ほうもつ》　イ 無我夢中《むがむちゅう》　ウ 修正《しゅうせい》

エ したう　オ はばむ

196ページの答《こた》え　(1) イ　(2) ウ　(3) ア　(4) オ　(5) エ

まんがでチェック！

［　］に当《あ》てはまることばを、右《みぎ》ページのア～オから選《えら》ぼう。

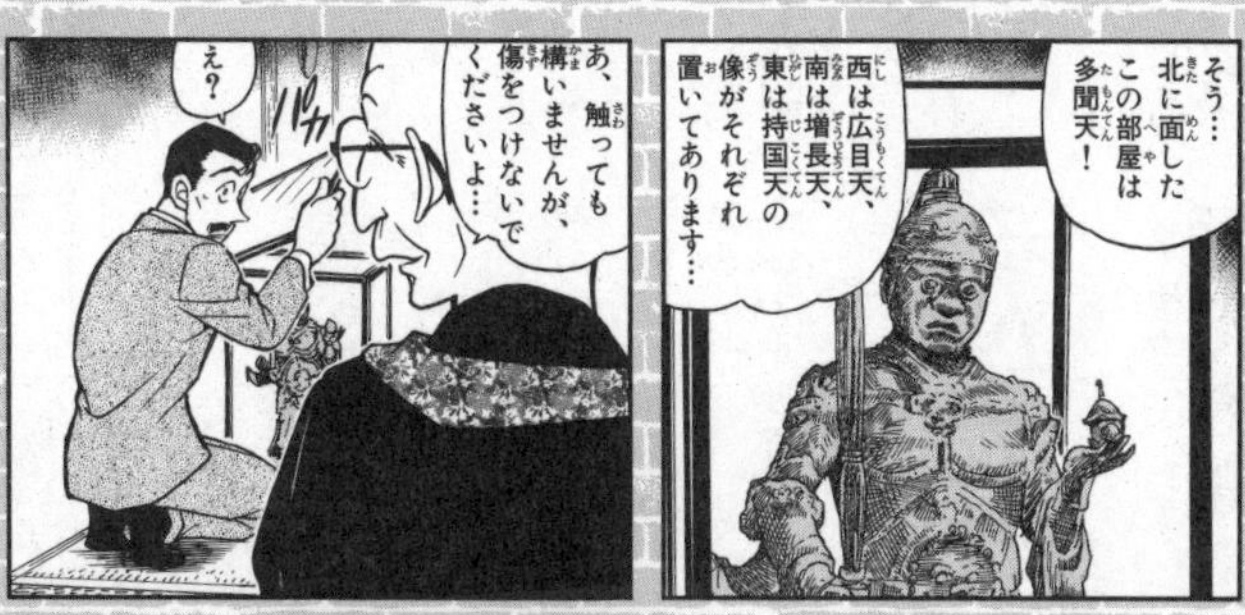

代々《だいだい》伝《つた》わる仏像《ぶつぞう》は、この寺《てら》の［　　］だ。

ことばの意味《いみ》

ア 宝物《ほうもつ》
国《くに》や寺社《じしゃ》などが持《も》っている、文化的《ぶんかてき》に価値《かち》のある大切《たいせつ》な物《もの》。

イ 無我夢中《むがむちゅう》
物《もの》ごとに夢中《むちゅう》になり、自分《じぶん》を忘《わす》れること。

ウ 修正《しゅうせい》
まちがいやよくないところを、正《ただ》しく直《なお》すこと。

エ したう
恋《こい》しく思《おも》う。そのようになりたいと願《ねが》う。

オ はばむ
ふさぐ。じゃまをする。

197ページの答《こた》え イ

□に当《あ》てはまることばを、ア～オからひとつずつ選《えら》ぼう。

(1) 雪《ゆき》が降《ふ》っているのに、□出《で》かける必要《ひつよう》はない。

(2) 生《う》まれて初《はじ》めて大《おお》きな病気《びょうき》を□。

(3) 念《ねん》のため□を取《と》っておく。

(4) そんな□ことを考《かんが》えていたとはおどろいた。

(5) 理由《りゆう》も知《し》らずに人《ひと》を□のはよくないことだ。

ことば

ア けなす　イ ことさら　ウ ひかえ
エ わずらう　オ 大《だい》それた

198ページの答《こた》え　(1) ア　(2) ウ　(3) エ　(4) オ　(5) イ

まんがでチェック!

□に当《あ》てはまることばを、右《みぎ》ページのア～オから選《えら》ぼう。

カゼを□コナンを蘭《らん》が心配《しんぱい》する。

へっくしゅん
だ、大丈夫《だいじょうぶ》コナン君《くん》?
やべーなー…カゼがひどくなってきやがった…
ズズ

ことばの意味《いみ》

ア けなす
悪口《わるぐち》を言《い》う。そしる。

イ ことさら
わざわざ。故意《こい》に。

ウ ひかえ
忘《わす》れないように書《か》きとめておくもの。別《べつ》に用意《ようい》しておくもの。

エ わずらう
病気《びょうき》になる。病気《びょうき》をする。

オ 大《だい》それた
とんでもない。

199ページの答《こた》え ア

98

□に当《あ》てはまることばを、ア～オからひとつずつ選《えら》ぼう。

(1) 味方《みかた》の武将《ぶしょう》が敵《てき》に□こともあった。

(2) よいことも悪《わる》いこともあって□ゼロだ。

(3) 自分《じぶん》の実力《じつりょく》をつけなさい。□ではいけない。

(4) 久《ひさ》しぶりの同窓会《どうそうかい》に、なつかしい□がそろった。

(5) 秋《あき》の□気候《きこう》のもとでバーベキューを楽《たの》しんだ。

ことば

ア すがすがしい　イ ね返《がえ》る　ウ とらの威《い》を借《か》るきつね
エ 差《さ》し引《ひ》き　オ 顔《かお》ぶれ

200ページの答《こた》え　(1) イ　(2) エ　(3) ウ　(4) オ　(5) ア

まんがでチェック!

□に当《あ》てはまることばを、右《みぎ》ページのア〜オから選《えら》ぼう。

いつもの□で小五郎《こごろう》をむかえる。

ことばの意味《いみ》

ア すがすがしい
さっぱりして気持《きも》ちがよい。さわやかだ。

イ ね返《がえ》る
味方《みかた》にそむいて敵《てき》につく。

ウ とらの威《い》を借《か》るきつね
自分《じぶん》には少《すこ》しも力《ちから》がないのに、強《つよ》い者《もの》の力《ちから》を借《か》りていばる者《もの》のたとえ。

エ 差《さ》し引《ひ》き
ある数《かず》から、ある数《かず》を引《ひ》くこと。また、その残《のこ》り。

オ 顔《かお》ぶれ
会《かい》や仕事《しごと》などに参加《さんか》する人々《ひとびと》。メンバー。

201ページの答《こた》え エ

99

□に当《あ》てはまることばを、ア〜オからひとつずつ選《えら》ぼう。

(1) 川《かわ》の水《みず》は□に増《ふ》えるので注意《ちゅうい》しよう。

(2) 勝利《しょうり》のために敵《てき》を□こともある。

(3) □歩《ある》き方《かた》をする幼《おさな》い子《こ》を見守《みまも》る。

(4) 私《わたし》にとっての□は自分《じぶん》の部屋《へや》だ。

(5) 相手《あいて》の□に乗《の》って失敗《しっぱい》する。

ことば

ア パラダイス　イ 挑発《ちょうはつ》　ウ たどたどしい
エ 急激《きゅうげき》　オ 出《だ》しぬく

まんがでチェック！

[　]に当《あ》てはまることばを、右《みぎ》ページのア～オから選《えら》ぼう。

目暮警部《めぐれけいぶ》の英語《えいご》はとても[　]。

ことばの意味《いみ》

ア パラダイス
楽園《らくえん》。

イ 挑発《ちょうはつ》
相手《あいて》をわざとしげきして、あることを引《ひ》き起《お》こすようにしむけること。

ウ たどたどしい
動作《どうさ》が危《あぶ》なっかしい。話《はな》し方《かた》がおぼつかない。

エ 急激《きゅうげき》
とつ然《ぜん》で、激《はげ》しく変《か》わる様子《ようす》。

オ 出《だ》しぬく
人《ひと》のすきを見《み》たり、だましたりして、自《じ》分《ぶん》だけがうまいことをする。

203ページの答《こた》え オ

100

□に当《あ》てはまることばを、ア～オからひとつずつ選《えら》ぼう。

(1) 先生《せんせい》の意外《いがい》な発言《はつげん》にクラスが□。

(2) □に出《だ》した案《あん》が採用《さいよう》された。

(3) 世界一《せかいいち》に□する成果《せいか》だ。

(4) 時間《じかん》がないので、くわしい説明《せつめい》は□する。

(5) 厳《きび》しく□のも、君《きみ》の将来《しょうらい》のためだ。

ことば

ア 苦《くる》しまぎれ　イ 油《あぶら》をしぼる　ウ ざわめく
エ 匹敵《ひってき》　オ 省略《しょうりゃく》

204ページの答《こた》え　(1) エ　(2) オ　(3) ウ　(4) ア　(5) イ

まんがでチェック!

[　]に当《あ》てはまることばを、右《みぎ》ページのア～オから選《えら》ぼう。

佐藤《さとう》刑事《けいじ》に関《かん》するうわさに、みんなが[　　]。

ことばの意味《いみ》

ア 苦《くる》しまぎれ
苦《くる》しさのあまりに、何《なに》かをすること。

イ 油《あぶら》をしぼる
あやまちをした者《もの》やなまけた者《もの》をしかってこらしめる。

ウ ざわめく
さわがしくなる。

エ 匹敵《ひってき》
程度《ていど》が同《おな》じくらいで、つり合《あ》うこと。

オ 省略《しょうりゃく》
文章《ぶんしょう》・話《はなし》・仕事《しごと》などの一部《いちぶ》を省《はぶ》いて短《みじか》く簡単《かんたん》にすること。

205ページの答《こた》え　ウ

101

□に当《あ》てはまることばを、ア～オからひとつずつ選《えら》ぼう。

(1) そんなつまらないことで□な。

(2) かれの行《おこな》いは□として語《かた》りつがれている。

(3) □の精神《せいしん》でボランティア活動《かつどう》をする。

(4) 先《さき》を急《いそ》いではいけない。□だ。

(5) 幸運《こううん》な出来事《できごと》が□に起《お》こった。

ことば

ア 美談《びだん》　イ 立《た》て続《つづ》け　ウ 奉仕《ほうし》

エ 目《め》を三角《さんかく》にする　オ 急《いそ》がば回《まわ》れ

206ページの答《こた》え　(1) ウ　(2) ア　(3) エ　(4) オ　(5) イ

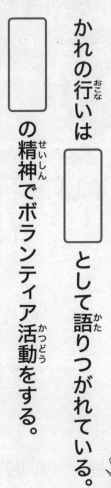

まんがでチェック！

□に当《あ》てはまることばを、右《みぎ》ページのア～オから選《えら》ぼう。

コナンのいたずらに小《こ》五《ご》郎《ろう》がおこって□。

ことばの意味《いみ》

ア 美談《びだん》
人《ひと》の心《こころ》を打《う》つような、りっぱな行《おこな》いをした美《うつく》しい話《はなし》。

イ 立《た》て続《つづ》け
続《つづ》けざまにする様子《ようす》。

ウ 奉仕《ほうし》
損得《そんとく》なしで他人《たにん》のためにつくすこと。

エ 目《め》を三角《さんかく》にする
ひどくおこって、こわい目《め》つきをする。

オ 急《いそ》がば回《まわ》れ
危険《きけん》な近道《ちかみち》を選《えら》ぶより、安全《あんぜん》な回《まわ》り道《みち》を選《えら》んだほうが、結局《けっきょく》は早《はや》く目的地《もくてきち》に着《つ》く。

207ページの答《こた》え　ウ

102

□に当《あ》てはまることばを、ア〜オからひとつずつ選《えら》ぼう。

(1) みんな勝手《かって》なことばかり言《い》って□。

(2) 一人《ひとり》きりの部屋《へや》は□としていた。

(3) 人《ひと》の気《き》持《も》ちを□心《こころ》がまえが大切《たいせつ》だ。

(4) 生《い》きていくうえで、水《みず》と食《た》べ物《もの》は□だ。

(5) □気《き》をつけて行《い》ってらっしゃい。

ことば

ア 不可欠《ふかけつ》　イ らちが明《あ》かない　ウ 推《お》し量《はか》る
エ くれぐれも　オ 寒々《さむざむ》

208ページの答《こた》え　(1) エ　(2) ア　(3) ウ　(4) オ　(5) イ

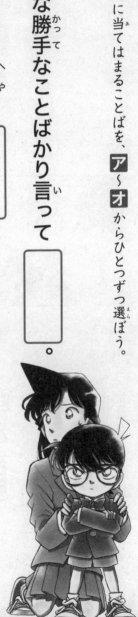

まんがでチェック！

□に当《あ》てはまることばを、右《みぎ》ページのア～オから選《えら》ぼう。

一人《ひとり》一人《ひとり》の意見《いけん》がバラバラで□。

ことばの意味《いみ》

ア 不可欠《ふかけつ》
欠《か》くことができないこと。どうしてもなくてはならないこと。

イ らちが明《あ》かない
物《もの》ごとの決《き》まりがつかない。

ウ 推《お》し量《はか》る
あることについて、いろいろ考《かんが》えてみる。推量《すいりょう》する。推測《すいそく》する。

エ くれぐれも
よくよく念《ねん》を入《い》れて。

オ 寒々《さむざむ》
ひどく寒《さむ》そうな様子《ようす》。何《なに》もなくてさびしい様子《ようす》。

209ページの答《こた》え エ

103

□に当《あ》てはまることばを、ア～オからひとつずつ選《えら》ぼう。

(1) 国民《こくみん》の多《おお》くが、自分《じぶん》は□だと思《おも》っている。

(2) □するオーロラを見《み》て感動《かんどう》した。

(3) 説明《せつめい》に納得《なっとく》がいかなくて□こともある。

(4) □で、やってみればわかることだ。

(5) 四角《しかく》い三角形《さんかっけい》という言《い》い方《かた》は□している。

ことば

ア 食《く》ってかかる　イ 中流《ちゅうりゅう》　ウ 千変万化《せんぺんばんか》

エ 論《ろん》より証拠《しょうこ》　オ 矛盾《むじゅん》

210ページの答《こた》え　(1) イ　(2) オ　(3) ウ　(4) ア　(5) エ

まんがでチェック!

□に当《あ》てはまることばを、右《みぎ》ページのア〜オから選《えら》ぼう。

中学生《ちゅうがくせい》の居場所《いばしょ》を教《おし》えるようにと□。

どこや!? どこに おんねん その中坊《ちゅうぼう》 !!
あ、いや… 君《きみ》がリフトから 降《お》りて来《く》る前《まえ》までは いたんだが…

ことばの意味《いみ》

ア 食《く》ってかかる
はげしい口調《くちょう》で相手《あいて》にせまる。

イ 中流《ちゅうりゅう》
世《よ》の中《なか》で中《ちゅう》くらいの暮《く》らしをしている人《ひと》たちの階層《かいそう》。川上《かわかみ》と川下《かわしも》のなかほど。

ウ 千変万化《せんぺんばんか》
いろいろに変《か》わること。

エ 論《ろん》より証拠《しょうこ》
あれこれと議論《ぎろん》するよりも、証拠《しょうこ》を示《しめ》すほうが、確《たし》かで早《はや》いということ。

オ 矛盾《むじゅん》
物《もの》ごとの前《まえ》と後《あと》とが合《あ》わないこと。つじつまが合《あ》わないこと。

211ページの答《こた》え イ

104

□に当《あ》てはまることばを、ア～オからひとつずつ選《えら》ぼう。

(1) 夜《よる》の墓場《はかば》を歩《ある》くと、いつも□。

(2) いだいな業績《ぎょうせき》を残《のこ》した学者《がくしゃ》が□。

(3) 食堂《しょくどう》を作《つく》ってほしいというのが私《わたし》たちの□だ。

(4) 新《あたら》しい会社《かいしゃ》で新《あたら》しい□を積《つ》む。

(5) 気《き》が向《む》いたら□にやってみるといい。

ことば

ア キャリア　イ 要望《ようぼう》　ウ 身《み》の毛《け》がよだつ

エ 手当《てあ》たり次第《しだい》　オ 世《よ》を去《さ》る

まんがでチェック!

[　]に当《あ》てはまることばを、右《みぎ》ページのア〜オから選《えら》ぼう。

あの先生《せんせい》が[　]とは思《おも》っていなかった。

ことばの意味《いみ》

ア キャリア
仕事《しごと》の上《うえ》での経験《けいけん》。経歴《けいれき》。

イ 要望《ようぼう》
強《つよ》く望《のぞ》むこと。

ウ 身《み》の毛《け》がよだつ
体《からだ》の毛《け》が立《た》つほど、ひどくおそろしい様子《ようす》。

エ 手当《てあ》たり次第《しだい》
手《て》にふれるものは、何《なん》でも。片《かた》っぱしから。

オ 世《よ》を去《さ》る
この世《よ》から去《さ》る。死《し》ぬ。

213ページの答《こた》え ア

105

□に当《あ》てはまることばを、ア～オからひとつずつ選《えら》ぼう。

(1) 部下《ぶか》を□上司《じょうし》はきらわれる。

(2) □人間《にんげん》も動物《どうぶつ》の一種《いっしゅ》に過《す》ぎない。

(3) 子《こ》どもは小《ちい》さいころから□に目覚《めざ》める。

(4) まるで□のようにおとなしくしているね。

(5) 学校《がっこう》の正門《せいもん》は、バス停《てい》の□にある。

ことば

ア 目《め》と鼻《はな》の先《さき》　イ 自我《じが》　ウ 借《か》りてきたねこ

エ そもそも　オ あごで使《つか》う

214ページの答《こた》え　(1) ウ　(2) オ　(3) イ　(4) ア　(5) エ

まんがでチェック!

□に当《あ》てはまることばを、右《みぎ》ページのア〜オから選《えら》ぼう。

□のようにものも言《い》えずにきん張《ちょう》する。

ことばの意味《いみ》

ア 目《め》と鼻《はな》の先《さき》
すぐ近《ちか》いきょり。

イ 自我《じが》
他人《たにん》とちがう個性《こせい》をはっきり持《も》った自分《じぶん》自身《じしん》のこと。

ウ 借《か》りてきたねこ
ふだんとちがって、大変《たいへん》おとなしいことのたとえ。

エ そもそも
あらたまって説明《せつめい》をするときなどに、はじめにつけることば。いったい。

オ あごで使《つか》う
いばった態度《たいど》で人《ひと》を使《つか》う。

215ページの答《こた》え オ

106

□に当《あ》てはまることばを、ア～オからひとつずつ選《えら》ぼう。

(1) □の説明《せつめい》では人《ひと》を納得《なっとく》させられない。

(2) □まで、あちこちを散策《さんさく》した。

(3) 試験前《しけんまえ》になって□と勉強《べんきょう》せざるを得《え》ない。

(4) ぼくはそんなに気弱《きよわ》じゃない。□なよ。

(5) 社会《しゃかい》の役《やく》に立《た》ったことを高《たか》く□する。

ことば

ア 評価《ひょうか》　イ 足《あし》が棒《ぼう》になる　ウ 見損《みそこ》なう
エ しりに火《ひ》がつく　オ 我田引水《がでんいんすい》

216ページの答《こた》え　(1) オ　(2) エ　(3) イ　(4) ウ　(5) ア

まんがでチェック!

[ ]に当《あ》てはまることばを、右《みぎ》ページのア～オから選《えら》ぼう。

出版社《しゅっぱんしゃ》の人《ひと》にせまられて、ようやく[ ]。

ことばの意味《いみ》

ア 評価《ひょうか》
品物《しなもの》の値段《ねだん》や、ものの値打《ねう》ちを定《さだ》めること。価値《かち》を高《たか》く認《みと》めること。

イ 足《あし》が棒《ぼう》になる
長《なが》く立《た》ったり歩《ある》いたりして、足《あし》がひどくつかれる。

ウ 見損《みそこ》なう
値打《ねう》ちを見誤《みあやま》る。見《み》まちがう。

エ しりに火《ひ》がつく
物《もの》ごとが差《さ》しせまって追《お》いつめられ、あせる。

オ 我田引水《がでんいんすい》
自分《じぶん》に都合《つごう》のいいようにふるまうこと。

217ページの答《こた》え ウ

107

□に当《あ》てはまることばを、ア〜オからひとつずつ選《えら》ぼう。

(1) 夢《ゆめ》の実現《じつげん》のために□に努力《どりょく》する。

(2) うそだということには、□気《き》づいていた。

(3) まちがえても□問題《もんだい》にはならないだろう。

(4) かれは□によらず、優《やさ》しい性格《せいかく》の人《ひと》だ。

(5) 厳《きび》しいばかりでなく、□ときもあっていい。

ことば

ア ひたむき　イ さほど　ウ 大目《おおめ》に見《み》る

エ 見《み》かけ　オ うすうす

218ページの答《こた》え　(1) オ　(2) イ　(3) エ　(4) ウ　(5) ア

まんがでチェック!

[　　]に当《あ》てはまることばを、右《みぎ》ページのア〜オから選《えら》ぼう。

両親《りょうしん》が転勤《てんきん》しても[　　]さみしいとは思《おも》わない。

「ああ」じゃないわよ!! あなたをここに預《あず》けて海外《かいがい》に転勤《てんきん》しちゃってからもう随分《ずいぶん》たつのよ!!
コナン君《くん》さみしくないの?
べ…別《べつ》に…

ことばの意味《いみ》

ア ひたむき
物《もの》ごとに夢中《むちゅう》になる様子《ようす》。

イ さほど
(あとに打《う》ち消しの言葉《ことば》がくる)それほど。たいして。

ウ 大目《おおめ》に見《み》る
やかましく言《い》わないで見《み》のがしておく。

エ 見《み》かけ
見《み》たところ。外見《がいけん》。

オ うすうす
はっきりしないが、かすかに。

219ページの答《こた》え エ

108

□に当《あ》てはまることばを、ア〜オからひとつずつ選《えら》ぼう。

(1) 返事《へんじ》が□で、真実《しんじつ》がわからない。

(2) 就職《しゅうしょく》して半年《はんとし》で会社勤《かいしゃづと》めが□。

(3) 筆箱《ふでばこ》の中《なか》を見《み》ると□かどうかがわかる。

(4) □から親《した》しくおつき合《あ》いさせてもらっている。

(5) 道具《どうぐ》の使《つか》いやすさは、その□で決《き》まる。

ことば

ア あやふや　イ デザイン　ウ 日《ひ》ごろ
エ 板《いた》につく　オ きちょうめん

220ページの答《こた》え　(1) ア　(2) オ　(3) イ　(4) エ　(5) ウ

まんがでチェック!

□に当《あ》てはまることばを、右《みぎ》ページのア〜オから選《えら》ぼう。

□に秒単位《びょうたんい》で行動《こうどう》を記録《きろく》する。

ことばの意味《いみ》

ア あやふや
はっきりしなくて、たよりない様子《ようす》。あいまい。

イ デザイン
物《もの》を作《つく》るときに形《かたち》や色《いろ》などを考《かんが》え、工夫《くふう》をこらすこと。

ウ 日《ひ》ごろ
ふだん。いつもの日々《ひび》。

エ 板《いた》につく
仕事《しごと》や役《やく》がら、服装《ふくそう》などがその人《ひと》にぴったり合《あ》う。

オ きちょうめん
まじめで、きちんとしている様子《ようす》。

221ページの答《こた》え イ

109

□に当《あ》てはまることばを、ア～オからひとつずつ選《えら》ぼう。

(1) かんちがいされて□ことになった。

(2) 不得意《ふとくい》なことを□して、向上《こうじょう》に努《つと》める。

(3) 総理大臣《そうりだいじん》が□を発表《はっぴょう》する。

(4) 相手《あいて》の動《うご》きに合《あ》わせないのが、勝《か》つための□だ。

(5) □だから、実際《じっさい》に見《み》に来《き》てください。

ことば

ア 百聞《ひゃくぶん》は一見《いっけん》にしかず　イ ぬれぎぬを着《き》せられる　ウ 自覚《じかく》

エ 談話《だんわ》　オ セオリー

222ページの答《こた》え　(1) ア　(2) エ　(3) オ　(4) ウ　(5) イ

まんがでチェック!

[　]に当《あ》てはまることばを、右《みぎ》ページのア～オから選《えら》ぼう。

無実《むじつ》の人《ひと》が人殺《ひとごろ》しの[　]。

ことばの意味《いみ》

ア 百聞《ひゃくぶん》は一見《いっけん》にしかず
何度《なんど》も聞《き》くより、実際《じっさい》に一度《いちど》見《み》るほうが、ずっとよくわかる。

イ ぬれぎぬを着《き》せられる
自分《じぶん》は悪《わる》くないのに、他人《たにん》のおかした罪《つみ》を負《お》わされる。

ウ 自覚《じかく》
自分《じぶん》の責任《せきにん》や値打《ねう》ち、力《ちから》や立場《たちば》をはっきり知《し》ること。自分《じぶん》で感《かん》じ取《と》ること。

エ 談話《だんわ》
話《はなし》。会話《かいわ》。ある事《こと》がらについての意見《いけん》。

オ セオリー
筋《すじ》の通《とお》った考《かんが》え方《かた》。特《とく》に、確《たし》かであると認《みと》められている考《かんが》え方《かた》。

223ページの答《こた》え オ

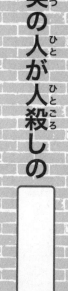

110

□に当《あ》てはまることばを、ア～オからひとつずつ選《えら》ぼう。

(1) 外《そと》の思《おも》いがけない寒《さむ》さに体《からだ》が□。

(2) 相手《あいて》を□ような強《つよ》さが欲《ほ》しい。

(3) 旅先《たびさき》での□の出会《であ》いを大切《たいせつ》にする。

(4) 君《きみ》がいてくれれば、□だ。

(5) いくら言《い》っても□で張《は》り合《あ》いがない。

ことば

ア 一期一会《いちごいちえ》　イ おにに金棒《かなぼう》　ウ こわばる
エ ぬかにくぎ　オ ねじふせる

224ページの答《こた》え　(1) イ　(2) ウ　(3) エ　(4) オ　(5) ア

まんがでチェック！

□に当《あ》てはまることばを、右《みぎ》ページの**ア**〜**オ**から選《えら》ぼう。

きょうふの体験《たいけん》を語《かた》る二人《ふたり》の顔《かお》が□。

ことばの意味《いみ》

ア 一期一会《いちごいちえ》
一生《いっしょう》に一度《いちど》出会《であ》うこと。一生《いっしょう》に一度《いちど》しかないこと。

イ おにに金棒《かなぼう》
強《つよ》いものがさらに強《つよ》くなるたとえ。

ウ こわばる
やわらかい物《もの》がかたくなる。

エ ぬかにくぎ
何《なに》をしてもまったく手応《てごた》えがないことのたとえ。

オ ねじふせる
相手《あいて》のうでをねじってたおし、おさえつける。強引《ごういん》に相手《あいて》を従《したが》わせる。

225ページの答《こた》え　イ

111

□に当《あ》てはまることばを、ア～オからひとつずつ選《えら》ぼう。

(1) □、かれはおとなしい性格《せいかく》の人《ひと》だ。

(2) 知《し》り合《あ》ったきっかけについて□聞《き》く。

(3) 今《いま》は苦《くる》しいけれど、□だからがまんしよう。

(4) 人間《にんげん》は□で考《かんが》えることができる生《い》き物《もの》だ。

(5) 明日《あす》□なら、図書館《としょかん》の本《ほん》を借《か》りられる。

ことば

ア 待《ま》てば海路《かいろ》のひよりあり　イ 以降《いこう》　ウ 元来《がんらい》

エ 根《ね》ほり葉《は》ほり　オ 理性《りせい》

226ページの答《こた》え　(1) ウ　(2) オ　(3) ア　(4) イ　(5) エ

まんがでチェック!

右《みぎ》ページの［　］に当《あ》てはまることばを、アーオから選《えら》ぼう。

店員《てんいん》から容疑者《ようぎしゃ》の情報《じょうほう》を［　　　　］聞《き》き出《だ》す。

ことばの意味《いみ》

ア 待《ま》てば海路《かいろ》のひよりあり
あせらずに待《ま》っていれば、やがてよい機会《きかい》がめぐってくることのたとえ。

イ 以降《いこう》
それから後《あと》。

ウ 元来《がんらい》
元《もと》から。元々《もともと》。

エ 根《ね》ほり葉《は》ほり
細《こま》かいことまで、しつこく聞《き》いたり、調《しら》べたりすること。

オ 理性《りせい》
物《もの》の道理《どうり》を考《かんが》えて、物《もの》ごとを正《ただ》しく判断《はんだん》する力《ちから》。

227ページの答《こた》え　ウ

□に当《あ》てはまることばを、ア～オからひとつずつ選《えら》ぼう。

(1) □なところに真実《しんじつ》がかくされていた。

(2) 収入《しゅうにゅう》と支出《ししゅつ》の□を整《ととの》える。

(3) つらくても□ような人《ひと》ではない。

(4) 人々《ひとびと》の望《のぞ》みを□して政治《せいじ》を行《おこな》う。

(5) □、この目《め》で見《み》てきたことだ。

ことば

ア バランス　イ 音《ね》を上《あ》げる　ウ 把握《はあく》
エ 現《げん》に　オ 意外《いがい》

228ページの答《こた》え　(1) ウ　(2) エ　(3) ア　(4) オ　(5) イ

まんがでチェック!

［　　］に当《あ》てはまることばを、右《みぎ》ページの**ア**～**オ**から選《えら》ぼう。

スキーもスノーボードも体《からだ》の［　　］が大切《たいせつ》だ。

ことばの意味《いみ》

ア **バランス**
つり合《あ》い。

イ **音《ね》を上《あ》げる**
がまんできないで、降参《こうさん》する。

ウ **把握《はあく》**
しっかりとつかむこと。手中《しゅちゅう》に収《おさ》めること。十分《じゅうぶん》に理解《りかい》すること。

エ **現《げん》に**
実際《じっさい》に。目《め》の前《まえ》に。

オ **意外《いがい》**
思《おも》いがけないこと。

229ページの答《こた》え　エ

113

□に当《あ》てはまることばを、ア〜オからひとつずつ選《えら》ぼう。

(1) 今日《きょう》の議論《ぎろん》の□のはだれだろう。

(2) □して勉学《べんがく》にはげむ。

(3) 先《せん》ぱいを□ようなことがあってはならない。

(4) 言葉《ことば》の□が伝《つた》わるように説明《せつめい》する。

(5) 母《はは》は買《か》い物《もの》で□留守《るす》です。

ことば

ア あいにく　イ 口火《くちび》を切《き》る　ウ はずかしめる

エ ニュアンス　オ 一念発起《いちねんほっき》

230ページの答《こた》え　(1) オ　(2) ア　(3) イ　(4) ウ　(5) エ

まんがでチェック！

□に当《あ》てはまることばを、右《みぎ》ページのア～オから選《えら》ぼう。

聞《き》かされていたのに、□忘《わす》れてしまった。

はて？
何《なん》じゃったかのォ…
小《ちい》さい頃《ころ》から「虎田《とらだ》家《け》憎《にく》し」と聞《き》かされていたんじゃが、忘《わす》れてしまったわい…
おい バアさん…

ことばの意味《いみ》

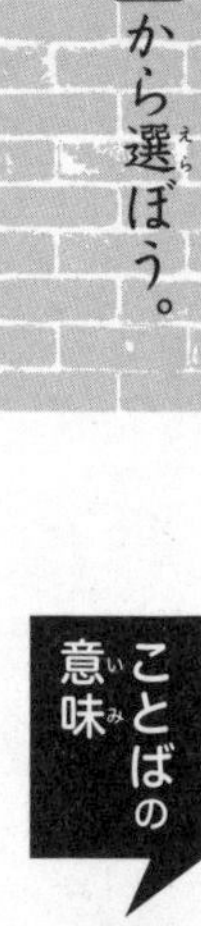

ア あいにく
ちょうどそのとき都合《つごう》が悪《わる》い様子《ようす》。運悪《うんわる》く。

イ 口火《くちび》を切《き》る
物《もの》ごとのきっかけをつくる。

ウ はずかしめる
はじをかかせる。地位《ちい》や名《めい》よをきずつける。

エ ニュアンス
ある言葉《ことば》の持《も》つ表面的《ひょうめんてき》な意味《いみ》以外《いがい》に感《かん》じられる、びみょうな意味《いみ》。

オ 一念発起《いちねんほっき》
思《おも》い立《た》って、何《なに》かをしようと決心《けっしん》すること。

231ページの答《こた》え ア

114

□に当《あ》てはまることばを、ア～オからひとつずつ選《えら》ぼう。

(1) 映画《えいが》の□を読《よ》んだらおもしろかった。

(2) 野菜《やさい》を育《そだ》てるのに□な肥料《ひりょう》を選《えら》ぶ。

(3) 久《ひさ》しぶりの再会《さいかい》に、□としてしまった。

(4) あいつに何《なに》を言《い》っても「□」だからむだだ。

(5) 赤《あか》ちゃんをあやすのに□ことがある。

ことば

ア 馬《うま》の耳《みみ》に念仏《ねんぶつ》　イ 原作《げんさく》　ウ 有益《ゆうえき》

エ しみじみ　オ てこずる

232ページの答《こた》え　(1) イ　(2) オ　(3) ウ　(4) エ　(5) ア

まんがでチェック!

□に当《あ》てはまることばを、右《みぎ》ページのア〜オから選《えら》ぼう。

いなくなった姉《あね》への思《おも》いを□と語《かた》る。

ことばの意味《いみ》

ア 馬《うま》の耳《みみ》に念仏《ねんぶつ》
何《なに》を言《い》っても上《うわ》の空《そら》で聞《き》き流《なが》すことのたとえ。

イ 原作《げんさく》
ほん訳《やく》したり書《か》き直《なお》したり、映画《えいが》や演劇《えんげき》に作《つく》りかえたりする前《まえ》の、もとの作品《さくひん》。

ウ 有益《ゆうえき》
利益《りえき》があること。役《やく》に立《た》つこと。

エ しみじみ
心《こころ》に深《ふか》く感《かん》じる様子《ようす》。つくづく。しんみり。

オ てこずる
持《も》て余《あま》す。どうしたらよいか、あつかいに困《こま》る。

233ページの答《こた》え ア

115

□に当《あ》てはまることばを、ア～オからひとつずつ選《えら》ぼう。

(1) 同《おな》じ□がくり返《かえ》される模様《もよう》の服《ふく》だ。

(2) 取《と》るに足《た》りない相手《あいて》だと思《おも》って□。

(3) りっぱな活動《かつどう》をしている人《ひと》には□。

(4) 悪《わる》ふざけした子《こ》どもを□。

(5) 高《たか》い目標《もくひょう》だが、□に進《すす》んでいこう。

ことば

ア 高《たか》をくくる　イ パターン　ウ 着実《ちゃくじつ》
エ 頭《あたま》が上《あ》がらない　オ たしなめる

234ページの答《こた》え　(1) イ　(2) ウ　(3) エ　(4) ア　(5) オ

まんがでチェック！

右《みぎ》ページの［　　］に当《あ》てはまることばを、**ア**～**オ**から選《えら》ぼう。

「あせるな」と言《い》って［　　　　］。

まあ、そうせかすな！あせってもよい結果《けっか》はでんぞ!!
でも、早《はや》くしねーとよ～～～～
冷静《れいせい》、沈着《ちんちゃく》、かつ慎重《しんちょう》に…
これが君《きみ》の好《す》きなホームズじゃろ？

ことばの意味《いみ》

ア　高《たか》をくくる
たいしたことはないだろうと、ばかにする。

イ　パターン
模様《もよう》や図案《ずあん》の形《かたち》。型《かた》。様式《ようしき》。

ウ　着実《ちゃくじつ》
落《お》ち着《つ》いて、確《たし》かなこと。

エ　頭《あたま》が上《あ》がらない
相手《あいて》が強《つよ》かったり、自分《じぶん》に弱《よわ》みがあったりして、おさえつけられている。

オ　たしなめる
悪《わる》いところをあげて、おだやかに注意《ちゅうい》する。

235ページの答《こた》え　エ

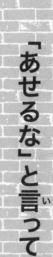

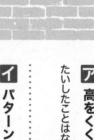

116

□に当《あ》てはまることばを、ア〜オからひとつずつ選《えら》ぼう。

(1) 駅前《えきまえ》の土地《とち》を□に活用《かつよう》する。

(2) おたがいの□がいっちして合意《ごうい》する。

(3) □流《りゅう》のやり方《かた》で成果《せいか》を収《おさ》める。

(4) 両《りょう》チームとも同《おな》じような服装《ふくそう》で□。

(5) 事件《じけん》が起《お》きてから□三日《みっか》が経過《けいか》した。

ことば

ア 利害《りがい》　イ すでに　ウ まぎらわしい

エ 有効《ゆうこう》　オ 自己《じこ》

236ページの答《こた》え　(1) イ　(2) ア　(3) エ　(4) オ　(5) ウ

まんがでチェック!

□に当てはまることばを、右《みぎ》ページのア〜オから選《えら》ぼう。

□ことを言《い》うと誤解《ごかい》の原因《げんいん》になる。

ことばの意味《いみ》

ア 利害《りがい》
得《とく》をすることと、損《そん》をすること。損得《そんとく》。

イ すでに
もはや。そのときはもう。

ウ まぎらわしい
よく似《に》ていて、まちがいやすい。

エ 有効《ゆうこう》
ききめがあること。役《やく》に立《た》つこと。

オ 自己《じこ》
自分《じぶん》。自身《じしん》。おのれ。

237ページの答《こた》え オ

117

□に当《あ》てはまることばを、ア～オからひとつずつ選《えら》ぼう。

(1) 特急電車《とっきゅうでんしゃ》が駅《えき》に□する。

(2) 街《まち》の美化活動《びかかつどう》に□する。

(3) 深海《しんかい》と宇宙《うちゅう》には□のことが多《おお》い。

(4) 犯人《はんにん》を□とだまされるかもしれない。

(5) 強《つよ》い動物《どうぶつ》だというのが、ライオンの□だ。

ことば

ア 接近《せっきん》　イ 貢献《こうけん》　ウ あなどる
エ 未知《みち》　オ イメージ

238ページの答《こた》え　(1) エ　(2) ア　(3) オ　(4) ウ　(5) イ

まんがでチェック!

［　　］に当《あ》てはまることばを、右《みぎ》ページの**ア**〜**オ**から選《えら》ぼう。

よそ見《み》をしていて前《まえ》の車《くるま》に［　　］してしまう。

ことばの意味《いみ》

ア 接近《せっきん》
近《ちか》づくこと。

イ 貢献《こうけん》
あることのために力《ちから》をつくし、役《やく》に立《た》つこと。

ウ あなどる
ばかにする。軽《かる》く見《み》る。見下《みさ》げる。

エ 未知《みち》
まだ知《し》らないこと。

オ イメージ
心《こころ》の中《なか》にえがき出《だ》される形《かたち》や、様子《ようす》。印象《いんしょう》。

239ページの答《こた》え　ウ

118

□に当《あ》てはまることばを、ア〜オからひとつずつ選《えら》ぼう。

(1) 友《とも》だちと会《あ》うために時間《じかん》を□。

(2) □の間《あいだ》に勝敗《しょうはい》が決《き》まった。

(3) この計画《けいかく》には、みんなが反対《はんたい》と□。

(4) 人《ひと》はだれでも□秘密《ひみつ》を持《も》っているものだ。

(5) □があれば、それに応《こた》えるのが私《わたし》の仕事《しごと》だ。

ことば

ア 多《おお》かれ少《すく》なかれ　イ 電光石火《でんこうせっか》　ウ ニーズ

エ 割《さ》く　オ 口《くち》をそろえる

240ページの答《こた》え　(1) ア　(2) イ　(3) エ　(4) ウ　(5) オ

まんがでチェック!

□に当《あ》てはまることばを、
右《みぎ》ページのア〜オから選《えら》ぼう。

蘭《らん》が□の早技《はやわざ》で
敵《てき》をたおす。

ことばの意味《いみ》

ア 多《おお》かれ少《すく》なかれ
多《おお》くても少《すく》なくても。いずれにしろ。

イ 電光石火《でんこうせっか》
非常《ひじょう》にすばやい動作《どうさ》のたとえ。きわめて短《みじか》い時間《じかん》のたとえ。

ウ ニーズ
必要《ひつよう》。要求《ようきゅう》。

エ 割《さ》く
一部《いちぶ》を分《わ》けて、ほかのものに割《わ》り当《あ》てる。切《き》って開《ひら》く。

オ 口《くち》をそろえる
みんなが同《おな》じことを言《い》う。

241ページの答《こた》え ア

119

□に当《あ》てはまることばを、ア〜オからひとつずつ選《えら》ぼう。

(1) □ことは、正《ただ》しい理解《りかい》をさまたげる。

(2) 勉強《べんきょう》と遊《あそ》びに□毎日《まいにち》だ。

(3) 下手《へた》な絵《え》を見《み》て「上手《じょうず》だ」と□を言《い》う。

(4) 団体旅行中《だんたいりょこうちゅう》は□で行動《こうどう》しないようにしよう。

(5) 宿題《しゅくだい》を期限《きげん》までに□する。

ことば

ア レッテルをはる　イ 単独《たんどく》　ウ 皮肉《ひにく》　エ 提出《ていしゅつ》　オ 明《あ》け暮《く》れる

242ページの答《こた》え　(1) エ　(2) イ　(3) オ　(4) ア　(5) ウ

まんがでチェック!

□に当《あ》てはまることばを、右《みぎ》ページのア～オから選《えら》ぼう。

ほめことばに□をこめる。

ことばの意味《いみ》

ア レッテルをはる
人《ひと》や物《もの》について、一方的《いっぽうてき》に、よくない評価《ひょうか》をする。

イ 単独《たんどく》
ただ一《ひと》つ。ただ一人《ひとり》。

ウ 皮肉《ひにく》
遠回《とおまわ》しにいやがらせを言《い》うこと。

エ 提出《ていしゅつ》
差《さ》し出《だ》すこと。

オ 明《あ》け暮《く》れる
熱中《ねっちゅう》して終始《しゅうし》そのことばかりをする。夜《よる》が明《あ》け、日《ひ》が暮《く》れる。

243ページの答《こた》え イ

120

□に当《あ》てはまることばを、ア～オからひとつずつ選《えら》ぼう。

(1) パーティーでおいしい料理《りょうり》を□。

(2) あの美術館《びじゅつかん》の建物《たてもの》は、波《なみ》が□ような姿《すがた》だ。

(3) 泳《およ》げるといっても、□20メートル程度《ていど》だ。

(4) 物《もの》ごとをよくするために□な発想《はっそう》を捨《す》てる。

(5) よけいなことに□とめんどうなことになる。

ことば

ア 首《くび》をつっこむ　イ ネガティブ　ウ ふるまう
エ うねる　オ せいぜい

まんがでチェック!

□に当《あ》てはまることばを、右《みぎ》ページのア～オから選《えら》ぼう。

警察《けいさつ》の仕事《しごと》に□ことをやめさせる。

ことばの意味《いみ》

ア 首《くび》をつっこむ
ある物《もの》ごとに関係《かんけい》する。

イ ネガティブ
否定的《ひていてき》な様子《ようす》。消極的《しょうきょくてき》な様子《ようす》。

ウ ふるまう
ごちそうする。

エ うねる
高《たか》く低《ひく》くなりながら続《つづ》く。曲《ま》がりくねる。

オ せいぜい
多《おお》く見積《みつ》もっても。たかだか。

245ページの答《こた》え ウ

121

□に当《あ》てはまることばを、ア～オからひとつずつ選《えら》ぼう。

(1) この工事《こうじ》には□一万人《いちまんにん》が関係《かんけい》した。

(2) 先週《せんしゅう》の失敗《しっぱい》がいつまでも□。

(3) □をして、器《うつわ》を使《つか》わずになべのスープを飲《の》む。

(4) ネット上《じょう》で□の情報《じょうほう》が広《ひろ》まった。

(5) 間《ま》もなく結論《けつろん》が出《で》るので、それで□だろう。

ことば

ア 延《の》べ　イ 横着《おうちゃく》　ウ おを引《ひ》く
エ けりがつく　オ 事実無根《じじつむこん》

246ページの答《こた》え　(1) ウ　(2) エ　(3) オ　(4) イ　(5) ア

まんがでチェック!

□に当《あ》てはまることばを、右《みぎ》ページのア～オから選《えら》ぼう。

誰《だれ》だ おまえは⁉
私《わたし》の名前《なまえ》は江戸川文代《えどがわふみよ》…
正真正銘《しょうしんしょうめい》の江戸川《えどがわ》コナンの…
母親《ははおや》ですわ…
ち、ちがう!!

コナンの母親《ははおや》だというのは、□の話《はなし》だ。

ことばの意味《いみ》

ア 延《の》べ
同《おな》じ物《もの》が何度《なんど》もふくまれていても、それぞれを一《ひと》つずつとして合計《ごうけい》する数《かぞ》え方《かた》。

イ 横着《おうちゃく》
なまけて、楽《らく》をしようとすること。ずうずうしいこと。

ウ おを引《ひ》く
物《もの》ごとのえいきょうが、後《あと》まで続《つづ》くたとえ。

エ けりがつく
物《もの》ごとが終《お》わること。決着《けっちゃく》がつくこと。

オ 事実無根《じじつむこん》
事実《じじつ》とはまったくちがうこと。本当《ほんとう》でないこと。

247ページの答《こた》え ア

122

□に当《あ》てはまることばを、ア～オからひとつずつ選《えら》ぼう。

(1) □と必《かなら》ずしも悪《わる》いこととは言《い》えない。

(2) 作品《さくひん》の完成《かんせい》まで、□一《いっ》か月《げつ》はかかる。

(3) □にしかっても、相手《あいて》の心《こころ》には届《とど》かない。

(4) 台風《たいふう》が来《き》たので、旅行《りょこう》の予約《よやく》を□した。

(5) あの芸能人《げいのうじん》の人気《にんき》は□だ。

ことば

ア うなぎ登《のぼ》り　イ キャンセル　ウ 少《すく》なくとも
エ 頭《あたま》ごなし　オ 長《なが》い目《め》で見《み》る

248ページの答《こた》え　(1) ア　(2) ウ　(3) イ　(4) オ　(5) エ

まんがでチェック!

□に当《あ》てはまることばを、右《みぎ》ページのア〜オから選《えら》ぼう。

なだめようとしているコナンを、□にだまらせる。

ことばの意味《いみ》

ア うなぎ登《のぼ》り
値段《ねだん》や人気《にんき》などがどんどん上《あ》がること。

イ キャンセル
約束《やくそく》や予約《よやく》などを取《と》り消《け》すこと。

ウ 少《すく》なくとも
いくら少《すく》なく見《み》ても。最低《さいてい》これぐらいは。

エ 頭《あたま》ごなし
相手《あいて》の言《い》い分《ぶん》も聞《き》かないで、初《はじ》めからおさえつけること。

オ 長《なが》い目《め》で見《み》る
現在《げんざい》の状態《じょうたい》だけで判断《はんだん》をしないで、時間《じかん》をかけてゆっくり将来《しょうらい》を見守《みまも》る。

249ページの答《こた》え オ

123

□に当《あ》てはまることばを、ア～オからひとつずつ選《えら》ぼう。

(1) 相手《あいて》のミスに□ことで勝利《しょうり》を得《え》た。

(2) 人《ひと》より速《はや》く走《はし》れることを□。

(3) □をつくしておわびをする。

(4) ピンチを□ためには新《あたら》しい発想《はっそう》が必要《ひつよう》だ。

(5) 今度《こんど》の試合《しあい》では、実力《じつりょく》を□発揮《はっき》してください。

ことば

ア 誠《まこと》　イ つけこむ　ウ 鼻《はな》にかける　エ いかんなく　オ 切《き》りぬける

250ページの答《こた》え　(1) オ　(2) ウ　(3) エ　(4) イ　(5) ア

まんがでチェック!

[　　]に当《あ》てはまることばを、右《みぎ》ページのア～オから選《えら》ぼう。

コナンが、見《み》つけられそうになる危機《きき》を[　　]。

ことばの意味《いみ》

ア 誠《まこと》
真心《まごころ》。

イ つけこむ
相手《あいて》のすきや弱《よわ》みなどをうまく利用《りよう》して、自分《じぶん》に有利《ゆうり》になるようにする。

ウ 鼻《はな》にかける
じまんする。

エ いかんなく
思《おも》う存分《ぞんぶん》。心残《こころのこ》りなく。

オ 切《き》りぬける
困《こま》ったことから、やっとのがれる。

251ページの答《こた》え　エ

124

□に当《あ》てはまることばを、ア～オからひとつずつ選《えら》ぼう。

(1) 主人《しゅじん》に□な飼《か》い犬《いぬ》を育《そだ》てる。

(2) おくれてきたかのじょは、□で話《はなし》の輪《わ》に入《はい》った。

(3) 選手《せんしゅ》の□プレーに正《ただ》しい判定《はんてい》を下《くだ》す。

(4) 試合結果《しあいけっか》の予想《よそう》は□だ。

(5) あの人《ひと》は愛犬家《あいけんか》として、世間《せけん》に□されている。

ことば

ア 認知《にんち》　イ 百発百中《ひゃっぱつひゃくちゅう》　ウ 何食《なにく》わぬ顔《かお》

エ きわどい　オ 忠実《ちゅうじつ》

252ページの答《こた》え　(1) イ　(2) ウ　(3) ア　(4) オ　(5) エ

まんがでチェック!

[　]に当《あ》てはまることばを、右《みぎ》ページのア〜オから選《えら》ぼう。

佐《さ》藤《とう》刑《けい》事《じ》のけんじゅうのうでまえは[　]だ。

ことばの意味《いみ》

ア 認知《にんち》
ある事《こと》がらをはっきりと認《みと》めること。

イ 百発百中《ひゃっぱつひゃくちゅう》
ねらったたまなどが全部《ぜんぶ》当《あ》たること。予想《よそう》などが、すべてうまく当《あ》たること。

ウ 何食《なにく》わぬ顔《かお》
何《なに》も知《し》らないふりをしている顔《かお》つき。そしらぬ顔《かお》。

エ きわどい
もう少《すこ》しのところで、だめになる様子《ようす》。すれすれで、危《あぶ》ない様子《ようす》。

オ 忠実《ちゅうじつ》
正直《しょうじき》で真面目《まじめ》なこと。

253ページの答《こた》え　オ

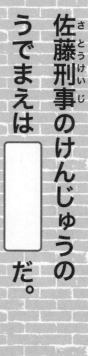

125

□に当《あ》てはまることばを、ア～オからひとつずつ選《えら》ぼう。

(1) 私《わたし》たちはいつも□で行動《こうどう》している。

(2) 難《むずか》しい問題《もんだい》が□、解決《かいけつ》に向《む》かう。

(3) 苦手《にがて》なことでみんなの□になるのはいやだ。

(4) □言《い》い方《かた》をされて、わかりにくかった。

(5) 新《あたら》しい法律《ほうりつ》と新《あたら》しい犯罪《はんざい》の□が続《つづ》く。

ことば

ア 以心伝心《いしんでんしん》　イ 回《まわ》りくどい　ウ 急転直下《きゅうてんちょっか》
エ いたちごっこ　オ 足手《あしで》まとい

254ページの答《こた》え　(1) オ　(2) ウ　(3) エ　(4) イ　(5) ア

まんがでチェック!

□に当《あ》てはまることばを、右《みぎ》ページのア～オから選《えら》ぼう。

平次《へいじ》とコナンは□でわかり合《あ》えている。

なるほどな…
そういう事《こと》かいな…
そしてこれができるのは…
あの人《ひと》しかおれへんな!

ことばの意味《いみ》

ア 以心伝心《いしんでんしん》
口《くち》に出《だ》して言《い》わなくても気持《きも》ちが伝《つた》わること。

イ 回《まわ》りくどい
よけいなことが多《おお》くて、本筋《ほんすじ》がわかりにくい様子《ようす》。

ウ 急転直下《きゅうてんちょっか》
急《きゅう》に様子《ようす》が変《か》わること。

エ いたちごっこ
両者《りょうしゃ》が同《おな》じことをくり返《かえ》していて、きりがないこと。

オ 足手《あしで》まとい
そばにいて、何《なに》かをするのにじゃまになること。

255ページの答《こた》え イ

126

□に当《あ》てはまることばを、ア～オからひとつずつ選《えら》ぼう。

(1) □の意見《いけん》は聞《き》きたくない。

(2) 旅先《たびさき》での風景《ふうけい》の美《うつく》しさに□。

(3) 必死《ひっし》の願《ねが》いを聞《き》き入《い》れないとは、□あつかいだ。

(4) 街《まち》の□を目《め》ざして、みんなが力《ちから》を合《あ》わせる。

(5) 主張《しゅちょう》には□が必要《ひつよう》だ。

ことば

ア 血《ち》もなみだもない　イ 復興《ふっこう》　ウ ありきたり　エ 根拠《こんきょ》　オ 心《こころ》をうばわれる

256ページの答《こた》え　(1) ア　(2) ウ　(3) オ　(4) イ　(5) エ

まんがでチェック!

□に当《あ》てはまることばを、右《みぎ》ページの**ア**～**オ**から選《えら》ぼう。

女性《じょせい》の服装《ふくそう》に二人《ふたり》が□。

ことばの意味《いみ》

ア **血《ち》もなみだもない**
人間《にんげん》らしい思《おも》いやりの心《こころ》が少《すこ》しもない。冷《つめ》たく人情《にんじょう》がない。

イ **復興《ふっこう》**
おとろえたものがまた盛《さか》んになること。

ウ **ありきたり**
ありふれていて、めずらしくないこと。

エ **根拠《こんきょ》**
行動《こうどう》や考《かんが》えのもとになるもの。理由《りゆう》。よりどころ。

オ **心《こころ》をうばわれる**
心《こころ》が引《ひ》きつけられる。夢中《むちゅう》になる。

257ページの答《こた》え **ア**

127

□に当《あ》てはまることばを、ア～オからひとつずつ選《えら》ぼう。

(1) □な問題《もんだい》は、早《はや》く片《かた》づけよう。

(2) 新《あたら》しい取《と》り組《く》みを□する。

(3) □ではいかない交《こう》しょうだ。

(4) 初《はじ》めてのことばかりで□ことも多《おお》い。

(5) 時間《じかん》の□がコンピュータをくるわせる。

ことば

ア ずれ　イ 提案《ていあん》　ウ やっかい　エ 一筋《ひとすじ》なわ　オ とまどう

258ページの答《こた》え　(1) ウ　(2) オ　(3) ア　(4) イ　(5) エ

まんがでチェック!

[　　]に当《あ》てはまることばを、右《みぎ》ページの**ア**〜**オ**から選《えら》ぼう。

実際《じっさい》にやってみてほしいと[　　　　]する。

ことばの意味《いみ》

ア ずれ
すべり動《うご》いて位置《いち》が少《すこ》し変《か》わること。正《ただ》しい時刻《じこく》から、外《はず》れていること。

イ 提案《ていあん》
考《かんが》えや意見《いけん》を相手《あいて》に出《だ》すこと。また、その考《かんが》えや意見《いけん》。

ウ やっかい
めんどうなこと。

エ 一筋《ひとすじ》なわ
ふつうのやり方《かた》。

オ とまどう
どうしてよいかわからなくなる。まごつく。

259ページの答《こた》え　オ

128

□に当《あ》てはまることばを、ア～オからひとつずつ選《えら》ぼう。

(1) 作業員《さぎょういん》が□で復旧作業《ふっきゅうさぎょう》に当《あ》たる。

(2) 人《ひと》に□のはみっともない。

(3) 家具《かぐ》の処分《しょぶん》に困《こま》っていたら、□でほしい人《ひと》が現《あらわ》れた。

(4) 学校《がっこう》の校長先生《こうちょうせんせい》は、会社《かいしゃ》の社長《しゃちょう》に□する。

(5) もうおそい時間《じかん》だから仕事《しごと》を□ことにした。

ことば

ア 焼《や》きもちを焼《や》く　イ 不眠不休《ふみんふきゅう》　ウ 相当《そうとう》
エ 切《き》り上《あ》げる　オ わたりに船《ふね》

260ページの答《こた》え　(1) ウ　(2) イ　(3) エ　(4) オ　(5) ア

まんがでチェック!

□に当《あ》てはまることばを、右《みぎ》ページのア～オから選《えら》ぼう。

歩美《あゆみ》のことで光彦《みつひこ》がコナンに□。

ことばの意味《いみ》

ア 焼《や》きもちを焼《や》く
自分《じぶん》の愛《あい》する人《ひと》の愛情《あいじょう》が、他《ほか》の人《ひと》に向《む》けられるのをねたむ。しっとする。

イ 不眠不休《ふみんふきゅう》
ねむりもしないし休《やす》みもしないで、一生《いっしょう》けんめいな様子《ようす》。

ウ 相当《そうとう》
ちょうどそれに当《あ》たること。つり合《あ》うこと。

エ 切《き》り上《あ》げる
あるところまでで終《お》わりにする。

オ わたりに船《ふね》
何《なに》かをしようとするときに、ちょうど都合《つごう》のよいことにめぐり合《あ》うこと。

261ページの答《こた》え イ

129

□に当《あ》てはまることばを、ア～オからひとつずつ選《えら》ぼう。

(1) 個人《こじん》の□を大切《たいせつ》にする。

(2) まいたエサの効果《こうか》は□だった。

(3) 予想《よそう》していなかった出来事《できごと》に□する。

(4) 貧《まず》しい暮《く》らしに□人々《ひとびと》を助《たす》けたい。

(5) つかれている友人《ゆうじん》を□にして、先《さき》へ進《すす》んだ。

ことば

ア 右往左往《うおうさおう》　イ てき面《めん》　ウ プライバシー
エ あえぐ　オ 置《お》き去《ざ》り

262ページの答《こた》え　(1) イ　(2) ア　(3) オ　(4) ウ　(5) エ

まんがでチェック!

［　　］に当《あ》てはまることばを、右《みぎ》ページのア〜オから選《えら》ぼう。

［　　］蘭《らん》が、かたで息《いき》をして新《あら》たな情報《じょうほう》を持《も》ってきた。

ことばの意味《いみ》

ア 右往左往《うおうさおう》
右《みぎ》へ行《い》ったり左《ひだり》へ行《い》ったりして、うろうろすること。あわてて、うろたえること。

イ てき面《めん》
ききめ・むくいが、すぐに現《あらわ》れる様子《ようす》。

ウ プライバシー
他人《たにん》には知《し》られたくない個人的《こじんてき》なことや生活《せいかつ》。また、それを守《まも》る権利《けんり》。

エ あえぐ
苦《くる》しくて、はあはあと息《いき》をする。苦《くる》しむ。

オ 置《お》き去《ざ》り
後《あと》に残《のこ》したまま、行《い》ってしまうこと。

263ページの答《こた》え　ア

130

□に当《あ》てはまることばを、ア～オからひとつずつ選《えら》ぼう。

(1) 新《あたら》しい草木《くさき》が□と生《は》えてくる。

(2) 勝利目前《しょうりもくぜん》とは言《い》え、最後《さいご》まで□だ。

(3) 我《われ》ながら□ことに、またまちがえた。

(4) コンピュータは□の信号《しんごう》で動《うご》いている。

(5) 社長《しゃちょう》の□となって得意先《とくいさき》に謝《あやま》りに行《い》く。

ことば

ア デジタル　イ 身代《みが》わり　ウ 続々《ぞくぞく》
エ ふがいない　オ 油断大敵《ゆだんたいてき》

264ページの答《こた》え　(1) ウ　(2) イ　(3) ア　(4) エ　(5) オ

まんがでチェック！

[ ]に当《あ》てはまることばを、
右《みぎ》ページのア〜オから選《えら》ぼう。

大事《だいじ》なときにねていたなんて[ ]人《ひと》だ。

ことばの意味《いみ》

ア デジタル
時間《じかん》や重《おも》さなどを、針《はり》を使《つか》わないで段階《だんかい》的《てき》に数字《すうじ》で表《あらわ》すこと。

イ 身代《みが》わり
人《ひと》の代《か》わりになること。

ウ 続々《ぞくぞく》
次々《つぎつぎ》に。あとからあとから。

エ ふがいない
いくじがない。情《なさ》けない。

オ 油断大敵《ゆだんたいてき》
少《すこ》しでも気《き》をゆるめると、思《おも》いがけない大《おお》きな失敗《しっぱい》をするぞ、といういましめ。

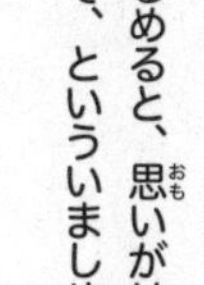

265ページの答《こた》え　エ

131

□に当《あ》てはまることばを、ア〜オからひとつずつ選《えら》ぼう。

(1) よけいなことを言《い》って話《はなし》が□。

(2) 結論《けつろん》を急《いそ》ぐ議論《ぎろん》に□人《ひと》がいる。

(3) 山《やま》でクマと出《で》会《あ》ったのは□ような経験《けいけん》だった。

(4) 日本《にっぽん》の都《と》市《し》部《ぶ》では人口《じんこう》が□している。

(5) 国《こく》際《さい》会《かい》議《ぎ》が□なふんい気《き》の中《なか》で行《おこな》われた。

ことば

ア 横《よこ》やりを入《い》れる　イ こじれる　ウ 増加《ぞうか》
エ きもをつぶす　オ 和《なご》やか

266ページの答《こた》え　(1) ウ　(2) オ　(3) エ　(4) ア　(5) イ

まんがでチェック！

［　］に当《あ》てはまることばを、右《みぎ》ページのア～オから選《えら》ぼう。

死体《したい》を発見《はっけん》して、蘭《らん》が［　　］。

ことばの意味《いみ》

ア　横《よこ》やりを入《い》れる
横《よこ》から文句《もんく》を言《い》ったりじゃまをしたりする。

イ　こじれる
物《もの》ごとがうまく進《すす》まないで、もつれる。病《びょう》気《き》が治《なお》りそこなって、ぐずつく。

ウ　増加《ぞうか》
数《かず》や量《りょう》が増《ふ》えること。また、増《ふ》やすこと。

エ　きもをつぶす
非常《ひじょう》にびっくりする。

オ　和《なご》やか
静《しず》かで落《お》ち着《つ》いている様子《ようす》。おだやか。

267ページの答《こた》え　エ

132

［　］に当《あ》てはまることばを、ア～オからひとつずつ選《えら》ぼう。

(1) 成人式《せいじんしき》で［　］姿《すがた》は見《み》せられない。

(2) すぐに部屋《へや》の片《かた》づけをしよう。［　］だ。

(3) 過去《かこ》の出来事《できごと》に基《もと》づいて［　］を立《た》てる。

(4) ［　］が多《おお》いとよけいなことまで言《い》ってしまう。

(5) 専門家《せんもんか》も［　］研究成果《けんきゅうせいか》だ。

ことば

ア 口数《くちかず》　イ 対策《たいさく》　ウ はしたない

エ 太鼓判《たいこばん》をおす　オ 善《ぜん》は急《いそ》げ

まんがでチェック！

[　]に当《あ》てはまることばを、右《みぎ》ページのア～オから選《えら》ぼう。

灰原哀《はいばらあい》がコナンの実力《じつりょく》に[　　　]。

大丈夫《だいじょうぶ》…
江戸川君《えどがわくん》は
あなたが心配《しんぱい》する様《よう》な
ヤワな男《おとこ》じゃないわ…
え？
彼《かれ》なら自分《じぶん》の
脱出《だっしゅつ》ルートぐらい
自分《じぶん》で見《み》つけ出《だ》せる…

ことばの意味《いみ》

ア 口数《くちかず》

言葉《ことば》の数《かず》。しゃべる量《りょう》。

イ 対策《たいさく》

相手《あいて》や事情《じじょう》に合《あ》ったやり方《かた》。

ウ はしたない

つつしみがなく、いやしい。下品《げひん》だ。

エ 太鼓判《たいこばん》をおす

もと「大《おお》きな判《はん》をおす」という意味《いみ》で、確《たし》かにまちがいないと、うけ合《あ》うこと。

オ 善《ぜん》は急《いそ》げ

よいことは、思《おも》いついたら機会《きかい》をのがさないですぐに行《おこな》え、ということわざ。

269ページの答《こた》え　エ

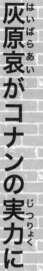

133

□に当《あ》てはまることばを、ア～オからひとつずつ選《えら》ぼう。

(1) スマホのアプリは□で高度化《こうどか》している。

(2) 運動会《うんどうかい》のクラス対《たい》こうリレーでみんなが□。

(3) ネット上《じょう》には□うわさも流《なが》されている。

(4) □の中《なか》、みごとに自分《じぶん》の意見《いけん》をつらぬいた。

(5) □だから、みんなすぐに忘《わす》れるよ。

ことば

ア 一丸《いちがん》となる
イ 四面楚歌《しめんそか》
ウ 日進月歩《にっしんげっぽ》
エ 根《ね》も葉《は》もない
オ 人《ひと》のうわさも七十五日《しちじゅうごにち》

270ページの答《こた》え (1) ウ (2) オ (3) イ (4) ア (5) エ

まんがでチェック!

□に当《あ》てはまることばを、右《みぎ》ページのア～オから選《えら》ぼう。

問題解決《もんだいかいけつ》のために□クラスが□。

ことばの意味《いみ》

ア 一丸《いちがん》となる
力《ちから》を合《あ》わせ、みんなの心《こころ》が一《ひと》つになる。

イ 四面楚歌《しめんそか》
まわりがすべて敵《てき》で、味方《みかた》が一人《ひとり》もいないこと。

ウ 日進月歩《にっしんげっぽ》
物《もの》ごとが絶《た》え間《ま》なく進歩《しんぽ》していくこと。

エ 根《ね》も葉《は》もない
何《なん》のよりどころもない。いいかげんである。

オ 人《ひと》のうわさも七十五日《しちじゅうごにち》
どんなに話題《わだい》になっても、しばらくすれば忘《わす》れられてしまうということわざ。

271ページの答《こた》え　エ

134

□に当《あ》てはまることばを、ア～オからひとつずつ選《えら》ぼう。

(1) 二人《ふたり》が対立《たいりつ》した結果《けっか》、□が残《のこ》った。

(2) 動物園《どうぶつえん》でゾウは□大《おお》きな動物《どうぶつ》だ。

(3) 今《いま》に□まで、その事実《じじつ》を知《し》らなかった。

(4) □選手《せんしゅ》だった子《こ》がプロになった。

(5) 人《ひと》の悪口《わるぐち》を□に言《い》うのはいやなことだ。

ことば

ア しこり
イ 聞《き》こえよがし
ウ はしにも棒《ぼう》にもかからない
エ 至《いた》る
オ ひときわ

272ページの答《こた》え (1) ウ (2) ア (3) エ (4) イ (5) オ

まんがでチェック!

□に当《あ》てはまることばを、右《みぎ》ページの**ア**～**オ**から選《えら》ぼう。

不都合《ふつごう》な事実《じじつ》を□に話《はな》す。

ことばの意味《いみ》

ア しこり
けんかなどをした後《あと》に残《のこ》る、すっきりしない気持《きも》ち。

イ 聞《き》こえよがし
本人《ほんにん》に、わざと聞《き》こえるように言《い》う様子《ようす》。

ウ はしにも棒《ぼう》にもかからない
どうにもだめで、あつかいようがない。手《て》がつけられない。

エ 至《いた》る
そのときになる。行《い》きつく。

オ ひときわ
ほかのものと比《くら》べて、一段《いちだん》と。特《とく》に。

273ページの答《こた》え ア

135

□に当《あ》てはまることばを、ア〜オからひとつずつ選《えら》ぼう。

(1) 真実《しんじつ》は□明《あき》らかになるものだ。

(2) この小説《しょうせつ》の□は命《いのち》の大切《たいせつ》さだ。

(3) □な行動《こうどう》はしないように気《き》をつけよう。

(4) 明治《めいじ》時《じ》代《だい》の男性《だんせい》の多《おお》くは、□をめざした。

(5) チャンピオンを□強《つよ》さを見《み》せる。

ことば

ア しのぐ　イ おのずと　ウ 軽《かる》はずみ
エ 立身出世《りっしんしゅっせ》　オ 主題《しゅだい》

274ページの答《こた》え　(1) ア　(2) オ　(3) エ　(4) ウ　(5) イ

まんがでチェック!

［　］に当《あ》てはまることばを、右《みぎ》ページのア〜オから選《えら》ぼう。

［　］な発言《はつげん》をしてあきれられる。

ことばの意味《いみ》

ア しのぐ
ほかのものよりまさる。上回《うわまわ》る。

イ おのずと
ひとりでに。自然《しぜん》と。

ウ 軽《かる》はずみ
深《ふか》く考《かんが》えずに物《もの》を言《い》ったり、したりすること。

エ 立身出世《りっしんしゅっせ》
高《たか》い地位《ちい》につくこと。

オ 主題《しゅだい》
研究《けんきゅう》や作品《さくひん》の中心《ちゅうしん》となる考《かんが》え。テーマ。

275ページの答《こた》え　イ

136

□に当《あ》てはまることばを、ア～オからひとつずつ選《えら》ぼう。

(1) コンピュータに□な欠《けっ》かんが見《み》つかった。

(2) いつも□な人《ひと》がめずらしく興奮《こうふん》した。

(3) なかなか話《はなし》が進《すす》まなくて□こととなった。

(4) できることから順番《じゅんばん》に□していこう。

(5) □を乗《の》りこえて、新《あら》たな一歩《いっぽ》をふみ出《だ》す。

ことば

ア 致命的《ちめいてき》　イ 冷静《れいせい》　ウ 処理《しょり》
エ 業《ごう》をにやす　オ 失望《しつぼう》

276ページの答《こた》え　(1) イ　(2) オ　(3) ウ　(4) エ　(5) ア

まんがでチェック!

[　]に当《あ》てはまることばを、右《みぎ》ページのア～オから選《えら》ぼう。

事故《じこ》で[　]なケガをした。

ことばの意味《いみ》

ア 致命的《ちめいてき》
取《と》り返《かえ》しがつかないほど重大《じゅうだい》な様子《ようす》。命《いのち》に関《かか》わる様子《ようす》。

イ 冷静《れいせい》
静《しず》かで、落《お》ち着《つ》いていること。

ウ 処理《しょり》
始末《しまつ》をつけること。片《かた》づけること。

エ 業《ごう》をにやす
うまくいかなくて、腹《はら》を立《た》てる。

オ 失望《しつぼう》
当《あ》てがはずれ、がっかりすること。

277ページの答《こた》え ウ

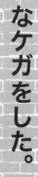

□に当《あ》てはまることばを、ア〜オからひとつずつ選《えら》ぼう。

（1）生活《せいかつ》の中《なか》には□が必要《ひつよう》だ。

（2）第一志望《だいいちしぼう》の学校《がっこう》から合格《ごうかく》□が届《とど》く。

（3）誤解《ごかい》が原因《げんいん》で□思《おも》いをした。

（4）かれは□から、もう知《し》っているだろう。

（5）ねばり強《づよ》く□ことでわかってもらえた。

ことば

ア 通知《つうち》　イ さとす　ウ ユーモア

エ 耳《みみ》が早《はや》い　オ 気《き》まずい

まんがでチェック!

□に当《あ》てはまることばを、右《みぎ》ページのア～オから選《えら》ぼう。

小五郎《こごろう》には、□のセンスがない。

ことばの意味《いみ》

ア 通知《つうち》
特定《とくてい》の人《ひと》たちに知《し》らせること。また、その知《し》らせ。

イ さとす
よくわかるように、言《い》い聞《き》かせる。

ウ ユーモア
上品《じょうひん》なおもしろみ。こっけい。

エ 耳《みみ》が早《はや》い
世間《せけん》のうわさなどを、人《ひと》より早《はや》く聞《き》いて知《し》っている。

オ 気《き》まずい
相手《あいて》と気持《きも》ちが打《う》ち解《と》けないで、いやな気分《きぶん》である。

279ページの答《こた》え　ア

138

□に当《あ》てはまることばを、ア～オからひとつずつ選《えら》ぼう。

(1) 戦争《せんそう》の□記《き》おくがよみがえる。

(2) 君《きみ》の考《かんが》えは□に過《す》ぎない。

(3) □な行動《こうどう》で幸運《こううん》をつかんだ。

(4) 夜《よる》になると、□雪《ゆき》が降《ふ》って来《き》た。

(5) 旧型《きゅうがた》と新型《しんがた》のカメラの性能《せいのう》は□だ。

ことば

ア アクティブ　イ 雲泥《うんでい》の差《さ》　ウ こじつけ
エ 案《あん》の定《じょう》　オ 生々《なまなま》しい

280ページの答《こた》え　(1) ウ　(2) ア　(3) オ　(4) エ　(5) イ

まんがでチェック!

[ ]に当《あ》てはまることばを、右《みぎ》ページのア～オから選《えら》ぼう。

質問《しつもん》されると思《おも》っていたら、[ ]聞《き》かれた。

ことばの意味《いみ》

ア アクティブ
自分《じぶん》から進《すす》んで働《はたら》きかける様子《ようす》。活動《かつどう》的《てき》。積極的《せっきょくてき》。

イ 雲泥《うんでい》の差《さ》
比《くら》べものにならないほど、大《おお》きなちがいがあることのたとえ。

ウ こじつけ
こじつけること。無理《むり》に理《り》くつをつけること。

エ 案《あん》の定《じょう》
思《おも》った通《とお》り。

オ 生々《なまなま》しい
大変《たいへん》新しい。また、目《め》の前《まえ》に見《み》えるようだ。

281ページの答《こた》え ウ

139

□に当《あ》てはまることばを、ア～オからひとつずつ選《えら》ぼう。

(1) 広告《こうこく》の□を整《ととの》える。

(2) 最初《さいしょ》に□と完成品《かんせいひん》の出来《でき》が悪《わる》くなる。

(3) 転《ころ》んだうえにかぎをなくした。□とはこのことだ。

(4) 「□」という通《とお》り、ちょう戦《せん》することが大切《たいせつ》だ。

(5) 悪天候《あくてんこう》に備《そな》えてイベントを延期《えんき》したのは、□な判断《はんだん》だ。

ことば

ア 賢明《けんめい》　イ 体裁《ていさい》　ウ 手《て》をぬく

エ 案《あん》ずるより産《う》むがやすし　オ 泣《な》き面《つら》にはち

282ページの答《こた》え　(1) オ　(2) ウ　(3) ア　(4) エ　(5) イ

まんがでチェック!

□に当《あ》てはまることばを、右《みぎ》ページのア～オから選《えら》ぼう。

道《みち》に迷《まよ》ったうえにパンクするなんて□だ。

ことばの意味《いみ》

ア 賢明《けんめい》
かしこくて、物《もの》ごとの理《り》くつがよくわかる様子《ようす》。

イ 体裁《ていさい》
ある一定《いってい》の形《かたち》。形式《けいしき》。外《そと》から見《み》た様子《ようす》。

ウ 手《て》をぬく
しなければならないことをしない。仕事《しごと》をいいかげんにする。

エ 案《あん》ずるより産《う》むがやすし
あれこれ心配《しんぱい》せず実際《じっさい》にやってみれば、案外《あんがい》たやすくいくものだというたとえ。

オ 泣《な》き面《つら》にはち
困《こま》っているうえに、さらに困《こま》ったことが重《かさ》なるたとえ。

283ページの答《こた》え エ

140

□に当《あ》てはまることばを、ア～オからひとつずつ選《えら》ぼう。

(1) 非常識《ひじょうしき》なことをする人《ひと》を見《み》て□。

(2) 工事中《こうじちゅう》の道《みち》を車《くるま》が□に通行《つうこう》する。

(3) 明日《あす》から□の海外旅行《かいがいりょこう》に出発《しゅっぱつ》する。

(4) 安全《あんぜん》な□のもとで作業《さぎょう》をしてください。

(5) □うまくできたとしても油断《ゆだん》はするな。

ことば

ア 待望《たいぼう》
イ 状況《じょうきょう》
ウ 仮《かり》に
エ まゆをひそめる
オ 交互《こうご》

284ページの答《こた》え　(1) イ　(2) ウ　(3) オ　(4) エ　(5) ア

まんがでチェック!

□に当《あ》てはまることばを、右《みぎ》ページのア～オから選《えら》ぼう。

今日《きょう》、□の推理小説《すいりしょうせつ》が発売《はつばい》された。

ことばの意味《いみ》

ア 待望《たいぼう》
あることが起《お》こるのを待《ま》ち望《のぞ》むこと。

イ 状況《じょうきょう》
そのときのありさま。様子《ようす》。

ウ 仮《かり》に
もしも。もし、そうだったとしたら。

エ まゆをひそめる
心配《しんぱい》ごとや、ふゆかいなことで顔《かお》をしかめる。

オ 交互《こうご》
代《か》わるがわる。たがいちがい。

285ページの答《こた》え　オ

141

□に当《あ》てはまることばを、ア〜オからひとつずつ選《えら》ぼう。

(1) □人《ひと》だと言《い》われてくやしかった。

(2) おどろきのあまり、思《おも》わず□。

(3) いい機器《きき》でも使《つか》いこなせないなら□だ。

(4) 人類《じんるい》は□な世界《せかい》を創《つく》らなければならない。

(5) 歩《ある》きスマホをして、□にけがをした。

ことば

ア サスティナブル　イ うだつが上《あ》がらない　ウ 息《いき》をのむ
エ あげくの果《は》て　オ ぶたに真珠《しんじゅ》

286ページの答《こた》え　(1) エ　(2) オ　(3) ア　(4) イ　(5) ウ

まんがでチェック!

［　　］に当《あ》てはまることばを、右《みぎ》ページのア～オから選《えら》ぼう。

死体《したい》を発見《はっけん》して、［　　］。

ことばの意味《いみ》

ア サスティナブル
持続可能《じぞくかのう》な様子《ようす》。特《とく》に、地球《ちきゅう》かん境《きょう》を保《たも》ちつつ持続《じぞく》が可能《かのう》な産業《さんぎょう》や開発《かいはつ》などをさす。

イ うだつが上《あ》がらない
地位《ちい》や生活《せいかつ》などがよくならない。なかなか出世《しゅっせ》できない。

ウ 息《いき》をのむ
おどろいて息《いき》を止《と》める。

エ あげくの果《は》て
結局《けっきょく》のところ。とどのつまり。最後《さいご》。

オ ぶたに真珠《しんじゅ》
値打《ねう》ちのある物《もの》でも、その値打《ねう》ちのわからない者《もの》には役《やく》に立《た》たないことのたとえ。

287ページの答《こた》え　ア

142

□に当《あ》てはまることばを、ア～オからひとつずつ選《えら》ぼう。

(1) 注意《ちゅうい》されて□のはやめなさい。

(2) 自分《じぶん》と□意見《いけん》にも耳《みみ》をかたむける。

(3) いろいろなことをやって学校生活《がっこうせいかつ》を□させる。

(4) しかられるとも知《し》らずにやって来《く》るとは、□だ。

(5) 一人《ひとり》で□な春《はる》の日《ひ》を過《す》ごす。

ことば

ア のどか　イ 異《こと》なる　ウ 飛《と》んで火《ひ》に入《い》る夏《なつ》の虫《むし》

エ ふてくされる　オ 充実《じゅうじつ》

まんがでチェック!

［　］に当《あ》てはまることばを、右《みぎ》ページのア～オから選《えら》ぼう。

気《き》に入《い》らない話《はなし》を聞《き》いて［　］。

ことばの意味《いみ》

ア のどか
静《しず》かでのんびりしている様子《ようす》。空《そら》が晴《は》れておだやかな様子《ようす》。

イ 異《こと》なる
同《おな》じでない。ちがっている。

ウ 飛《と》んで火《ひ》に入《い》る夏《なつ》の虫《むし》
何《なに》も知《し》らないで、自分《じぶん》から進《すす》んで災《わざわ》いの中《なか》に飛《と》びこむこと。

エ ふてくされる
不平《ふへい》を表《あらわ》して、ふてぶてしい態度《たいど》を取《と》ったり、反《はん》こうしたりする。

オ 充実《じゅうじつ》
中身《なかみ》が豊《ゆた》かなこと。内容《ないよう》がいっぱいつまっていること。

289ページの答《こた》え ウ

143

□に当《あ》てはまることばを、ア〜オからひとつずつ選《えら》ぼう。

(1) 神《かみ》や仏《ほとけ》を□人《ひと》はたくさんいる。

(2) 通《とお》る道《みち》は右《みぎ》でも左《ひだり》でも□だ。

(3) 君《きみ》の優《やさ》しい言葉《ことば》で、つらかった心《こころ》が□。

(4) こんな失敗《しっぱい》をするなんて、□ことだ。

(5) 花火師《はなびし》と音楽家《おんがくか》の□がみごとだった。

ことば

ア いまいましい　イ あがめる　ウ コラボレーション　エ 似《に》たり寄《よ》ったり　オ ほぐれる

290ページの答《こた》え　(1) エ　(2) イ　(3) オ　(4) ウ　(5) ア

まんがでチェック！

□に当《あ》てはまることばを、右《みぎ》ページのア～オから選《えら》ぼう。

私《わたし》たちを放《ほう》って二人《ふたり》で散歩《さんぽ》に行《い》くとは□。

ことばの意味《いみ》

ア いまいましい
腹立《はらだ》たしい。くやしい。

イ あがめる
尊《とうと》いものとして、敬《うやま》う。

ウ コラボレーション
二人《ふたり》または二《ふた》つ以上《いじょう》の集団《しゅうだん》が、いっしょに一《ひと》つの仕事《しごと》をすること。合作《がっさく》。コラボ。

エ 似《に》たり寄《よ》ったり
たいして、ちがいがない様子《ようす》。

オ ほぐれる
かたくなっていたものがゆるんで、ふつうになる。

291ページの答《こた》え エ

144

□に当《あ》てはまることばを、ア～オからひとつずつ選《えら》ぼう。

(1) 友《とも》だちからの手紙《てがみ》の返事《へんじ》を□。

(2) 先例《せんれい》に□といいアイデアは生《う》まれない。

(3) 上達《じょうたつ》をめざして□からしっかりと学《まな》ぶ。

(4) きょうふ心《しん》を□ようなことはやめたほうがいい。

(5) 商品《しょうひん》の値段《ねだん》を安《やす》くするように□する。

ことば

ア 交渉《こうしょう》　イ あおる　ウ とらわれる

エ 初歩《しょほ》　オ 待《ま》ちかねる

292ページの答《こた》え　(1) イ　(2) エ　(3) オ　(4) ア　(5) ウ

まんがでチェック！

□に当《あ》てはまることばを、右《みぎ》ページのア〜オから選《えら》ぼう。

期待《きたい》していた最初《さいしょ》のいらい人《にん》を□。

ことばの意味《いみ》

ア 交渉《こうしょう》
あることを相手《あいて》と話《はな》し合《あ》うこと。

イ あおる
物《もの》ごとに勢《いきお》いをつける。風《かぜ》がふきつけて、物《もの》を動《うご》かす。

ウ とらわれる
ある考《かんが》え方《かた》やり方《かた》から、ぬけきれない。

エ 初歩《しょほ》
物《もの》ごとのはじめ。

オ 待《ま》ちかねる
待《ま》つのが長《なが》くて、がまんできない。

293ページの答《こた》え ア

145

□に当《あ》てはまることばを、ア～オからひとつずつ選《えら》ぼう。

(1) 食《た》べ物《もの》を□にしてはいけない。

(2) □だから、得意《とくい》な人《ひと》に任《まか》せるのがいい。

(3) 一《ひと》つのミスによって□結果《けっか》になった。

(4) 少《すこ》し成功《せいこう》しただけで□と失敗《しっぱい》するぞ。

(5) りっぱなことをしたのだから□は不要《ふよう》だ。

ことば

ア もちはもち屋《や》　イ 粗末《そまつ》　ウ 図《ず》に乗《の》る
エ 苦杯《くはい》をなめる　オ けんそん

294ページの答《こた》え　(1) オ　(2) ウ　(3) エ　(4) イ　(5) ア

まんがでチェック!

□に当《あ》てはまることばを、右《みぎ》ページのア～オから選《えら》ぼう。

ほめられるとすぐに□小五郎《こごろう》だった。

ことばの意味《いみ》

ア もちはもち屋《や》
物《もの》ごとは何《なに》ごとも、専門《せんもん》の人《ひと》がやはり上手《じょうず》だというたとえ。

イ 粗末《そまつ》
物《もの》ごとをおろそかにあつかうこと。

ウ 図《ず》に乗《の》る
思《おも》い通《どお》りに物《もの》ごとが運《はこ》ぶので、調子《ちょうし》に乗《の》るつけあがる。

エ 苦杯《くはい》をなめる
とても苦《くる》しい経験《けいけん》をする。つらい目《め》にあう。

オ けんそん
へりくだってふるまうこと。相手《あいて》をうやまい、ひかえめな態度《たいど》をとること。

295ページの答《こた》え オ

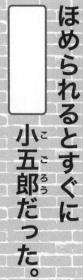

146

□に当《あ》てはまることばを、ア～オからひとつずつ選《えら》ぼう。

(1) 弱《よわ》い相手《あいて》の□のは好《す》きではない。

(2) 不正《ふせい》に対《たい》して□ことも必要《ひつよう》だ。

(3) 旧友《きゅうゆう》と会《あ》って、昔《むかし》のことが□思《おも》い出《だ》された。

(4) だれもが使《つか》える□な道具《どうぐ》を発明《はつめい》する。

(5) 書《か》き終《お》えることができなくて□になる。

ことば

ア 足元《あしもと》を見《み》る　イ いきどおる　ウ しり切《き》れとんぼ　エ ユニバーサル　オ ありありと

296ページの答《こた》え　(1) イ　(2) ア　(3) エ　(4) ウ　(5) オ

まんがでチェック!

□に当《あ》てはまることばを、右《みぎ》ページのア～オから選《えら》ぼう。

平然《へいぜん》と殺人《さつじん》をおかす犯人《はんにん》に□。

ことばの意味《いみ》

ア 足元《あしもと》を見《み》る
弱《よわ》みにつけこむ。

イ いきどおる
腹《はら》を立《た》てる。おこる。いかる。

ウ しり切《き》れとんぼ
物《もの》ごとが完成《かんせい》しないで、とちゅうで切《き》れていること。

エ ユニバーサル
いっぱんてきな様子《ようす》。すべてに共通《きょうつう》である様子《ようす》。

オ ありありと
目《め》に見《み》えるように。はっきりと。

297ページの答《こた》え ウ

□に当《あ》てはまることばを、ア～オからひとつずつ選《えら》ぼう。

(1) 古《ふる》い柱時計《はしらどけい》が、十二時《じゅうにじ》のかねを打《う》つ□で止《と》まった。

(2) 野球《やきゅう》への□な思《おも》いを話《はな》す。

(3) プレゼントは、□ほど欲《ほ》しい物《もの》だった。

(4) 夏休《なつやす》みには□の特急《とっきゅう》が走《はし》る。

(5) おだやかな□で話《はな》す人《ひと》は、よい感《かん》じがする。

ことば

ア いちず
イ 臨時《りんじ》
ウ 口調《くちょう》
エ のどから手《て》が出《で》る
オ 寸前《すんぜん》

298ページの答《こた》え　(1) ア　(2) イ　(3) オ　(4) エ　(5) ウ

まんがでチェック!

□に当《あ》てはまることばを、右《みぎ》ページの**ア**～**オ**から選《えら》ぼう。

つき落《お》とされる□に止《と》める。

ことばの意味《いみ》

ア いちず

一《ひと》つのことだけを思《おも》いこむ様子《ようす》。ひたすら。ひたむき。

イ 臨時《りんじ》

時間《じかん》や日《ひ》を決《き》めないで、必要《ひつよう》なときに行《おこな》うこと。間《ま》に合《あ》わせにやること。

ウ 口調《くちょう》

言葉《ことば》を発音《はつおん》したときの調子《ちょうし》。話《はなし》のしかた。言葉《ことば》つき。

エ のどから手《て》が出《で》る

欲《ほ》しくてたまらない。

オ 寸前《すんぜん》

ほんの少《すこ》し前《まえ》。わずか前《まえ》。

299ページの答《こた》え イ

148

□に当《あ》てはまることばを、ア〜オからひとつずつ選《えら》ぼう。

(1) □あと5分早《ふんはや》く起《お》きられるといいね。

(2) □の事態《じたい》に、落《お》ち着《つ》きを失《うしな》う。

(3) あなたが故郷《こきょう》に帰《かえ》ったことを□に聞《き》いた。

(4) 話題《わだい》の豊富《ほうふ》な人《ひと》なのに、今日《きょう》はなぜか□ね。

(5) 安全《あんぜん》を確保《かくほ》するのは□重要《じゅうよう》なことだ。

ことば

ア 口《くち》が重《おも》い　イ まさか　ウ 人《ひと》づて
エ せめて　オ きわめて

300ページの答《こた》え　(1) オ　(2) ア　(3) エ　(4) イ　(5) ウ

まんがでチェック!

□に当《あ》てはまることばを、右《みぎ》ページのア〜オから選《えら》ぼう。

□そこで着《き》がえているとは思《おも》わなかった。

ことばの意味《いみ》

ア 口《くち》が重《おも》い
口数《くちかず》が少《すく》ない。

イ まさか
万《まん》が一《いち》の状態《じょうたい》。不意《ふい》。（後《あと》に打《う》ち消しの言葉《ことば》がくる）どう考《かんが》えてみても。

ウ 人《ひと》づて
直接《ちょくせつ》ではなく、ほかの人《ひと》にたのんで伝《つた》えること。人《ひと》の口《くち》から口《くち》へ伝《つた》わること。

エ せめて
少《すく》なくとも。それだけでも。

オ きわめて
非常《ひじょう》に。この上《うえ》なく。

301ページの答《こた》え　オ

149

□に当《あ》てはまることばを、ア～オからひとつずつ選《えら》ぼう。

(1) □の出来事《できごと》に世界中《せかいじゅう》がおどろいた。

(2) □したい人《ひと》は手《て》をあげてください。

(3) 周《まわ》りを気《き》にして、□ようでは出《で》おくれる。

(4) つかれた体《からだ》を□には、おふろがいちばんだ。

(5) □のある広告《こうこく》に引《ひ》きつけられる。

ことば

ア 発言《はつげん》　イ インパクト　ウ うでをこまねく
エ 前代未聞《ぜんだいみもん》　オ いやす

302ページの答《こた》え　(1) エ　(2) イ　(3) ウ　(4) ア　(5) オ

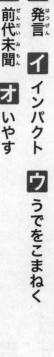

まんがでチェック!

[　]に当《あ》てはまることばを、右《みぎ》ページのア〜オから選《えら》ぼう。

光彦《みつひこ》には[　　]のあるおばあさんの姿《すがた》だった。

ことばの意味《いみ》

ア 発言《はつげん》
意見《いけん》を言《い》うこと。

イ インパクト
ある物《もの》ごとが人々《ひとびと》にあたえるしょうげきや印象《いんしょう》。

ウ うでをこまねく
何《なに》もしないで、ただ、そばで見《み》ている。

エ 前代未聞《ぜんだいみもん》
今《いま》まで一度《いちど》も聞《き》いたことがないような、めずらしいことや変《か》わったこと。

オ いやす
病気《びょうき》や空腹《くうふく》、のどのかわきなどを治《なお》す。心《こころ》の苦《くる》しみを治《なお》す。

303ページの答《こた》え　イ

150

□に当《あ》てはまることばを、ア～オからひとつずつ選《えら》ぼう。

(1) 今月《こんげつ》の□までに作品《さくひん》を完成《かんせい》させる。

(2) 姉《あね》の帰《かえ》りが待《ま》ち遠《どお》しくて□。

(3) 歴史上《れきしじょう》の人物《じんぶつ》の□を興味《きょうみ》を持《も》って聞《き》く。

(4) あと少《すこ》しで大事故《だいじこ》になったと思《おも》うと□。

(5) 兄《あに》は私《わたし》とちがって□な性格《せいかく》の持《も》ち主《ぬし》だ。

ことば

ア 中旬《ちゅうじゅん》　イ おおらか　ウ 背筋《せすじ》が寒《さむ》くなる
エ エピソード　オ 首《くび》を長《なが》くする

まんがでチェック!

□に当《あ》てはまることばを、右《みぎ》ページのア～オから選《えら》ぼう。

いやな予感《よかん》がして□。

ことばの意味《いみ》

ア 中旬《ちゅうじゅん》
一《いっ》か月《げつ》のうち、十一日《じゅういちにち》から二十日《はつか》までの十日間《とおかかん》。

イ おおらか
気持《きも》ちが大《おお》きくゆったりした様子《ようす》。

ウ 背筋《せすじ》が寒《さむ》くなる
こわくて、ぞっとする。

エ エピソード
ある人《ひと》や物《もの》ごとについての、ちょっとしたおもしろい話《はなし》。いつ話《わ》。

オ 首《くび》を長《なが》くする
今《いま》か今《いま》かと待《ま》ちこがれる。

305ページの答《こた》え　イ

151

□に当《あ》てはまることばを、ア～オからひとつずつ選《えら》ぼう。

(1) まちがった記録《きろく》を□する。

(2) 難《むずか》しい仕事《しごと》を□のは、やりがいがある。

(3) 問題《もんだい》を放《ほう》っておくと□困《こま》ったことになる。

(4) 有数《ゆうすう》の起業家《きぎょうか》になれば、世間《せけん》を□ことができる。

(5) 小《ちい》さなかばんに□荷物《にもつ》は入《い》れたくない。

ことば

ア 見返《みかえ》す　イ 抹消《まっしょう》　ウ かさ張《ば》る
エ うけ負《お》う　オ いささか

まんがでチェック!

[　]に当《あ》てはまることばを、右《みぎ》ページのア～オから選《えら》ぼう。

カードが欲《ほ》しくて仕事《しごと》を[　]。

見《み》つけてくれたら仮面《かめん》ヤイバーカードもあげよーと思《おも》ってたのに…
ボソ…
引《ひ》き受《う》けましょう!!!

ことばの意味《いみ》

ア 見返《みかえ》す
けいべつされた仕返《しかえ》しに、りっぱになって見《み》せつける。

イ 抹消《まっしょう》
ぬりつぶして消《け》すこと。記《き》さい事《じ》こうを消《け》すこと。

ウ かさ張《ば》る
物《もの》の重《おも》さのわりに体積《たいせき》が大《おお》きくなる。

エ うけ負《お》う
いくらの費用《ひよう》で、いつまでに仕上《しあ》げると約束《やくそく》して、仕事《しごと》を引《ひ》き受《う》ける。

オ いささか
ほんの少《すこ》し。わずか。

307ページの答《こた》え　ウ

□に当《あ》てはまることばを、ア～オからひとつずつ選《えら》ぼう。

(1) 今後《こんご》の展開《てんかい》の□になっている。

(2) 夜空《よぞら》には□の星《ほし》がまたたいている。

(3) 老化防止《ろうかぼうし》のために、□に運動《うんどう》をする。

(4) この器《うつわ》の特《とく》ちょうは、□な形《かたち》をしていることだ。

(5) □ことを言《い》い合《あ》って楽《たの》しい時《とき》を過《す》ごした。

ことば

ア たわいない　イ 積極的《せっきょくてき》　ウ 伏線《ふくせん》

エ 無数《むすう》　オ いびつ

まんがでチェック!

[　]に当《あ》てはまることばを、右《みぎ》ページのア～オから選《えら》ぼう。

蘭《らん》を[　　]に散歩《さんぽ》にさそう。

ことばの意味《いみ》

ア たわいない
取《と》るに足《た》りない。とりとめのない。

イ 積極的《せっきょくてき》
自分《じぶん》から進《すす》んで物《もの》ごとをしていく態度《たいど》。

ウ 伏線《ふくせん》
小説《しょうせつ》や劇《げき》などで、あとでのべることの準備《じゅんび》として、それとなく出《だ》しておくこと。

エ 無数《むすう》
数《かぞ》えられないほど多《おお》くあること。

オ いびつ
形《かたち》がゆがんでいる様子《ようす》。

309ページの答《こた》え　エ

153

□に当《あ》てはまることばを、ア〜オからひとつずつ選《えら》ぼう。

(1) 優勝《ゆうしょう》した感動《かんどう》は、□忘《わす》れられない。

(2) 若者《わかもの》の□行動《こうどう》に腹《はら》を立《た》てる。

(3) 人々《ひとびと》の□があれば商品《しょうひん》は売《う》れる。

(4) あの人《ひと》の失敗《しっぱい》を□としよう。

(5) 毎日《まいにち》午《ご》前《ぜん》6時《じ》が□の時刻《じこく》だ。

ことば

ア 目《め》に余《あま》る　イ いまだに　ウ 起床《きしょう》

エ 需要《じゅよう》　オ 他山《たざん》の石《いし》

まんがでチェック！

□に当《あ》てはまることばを、右《みぎ》ページの**ア**～**オ**から選《えら》ぼう。

□して、大《おお》きなあくびをする。

ことばの意味《いみ》

ア　目《め》に余《あま》る
することがあまりにもひどくて見《み》ていられない。

イ　いまだに
今《いま》もまだ。

ウ　起床《きしょう》
目《め》を覚《さ》まして、ねどこから起《お》きあがること。

エ　需要《じゅよう》
必要《ひつよう》として求《もと》めること。入《い》り用《よう》。

オ　他山《たざん》の石《いし》
他人《たにん》のまちがった言葉《ことば》や行《おこな》いでも、自分《じぶん》をみがくためには役立《やくだ》つという意味《いみ》。

311ページの答《こた》え　イ

154

□に当《あ》てはまることばを、ア〜オからひとつずつ選《えら》ぼう。

(1) 世界各地《せかいかくち》の文化《ぶんか》のあり方《かた》は□だ。

(2) 口数《くちかず》は少《すく》ないが行動力《こうどうりょく》のある、□の人《ひと》だ。

(3) 雨《あめ》が降《ふ》って遠足《えんそく》が中止《ちゅうし》になったのが□だ。

(4) 著者《ちょしゃ》のサイン入《い》りのこの本《ほん》は、□宝物《たからもの》だ。

(5) 友《とも》だちだから、そんな□話《はなし》はやめておこう。

ことば

ア かけがえのない　イ 千差万別《せんさばんべつ》　ウ かた苦《くる》しい
エ 心残《こころのこ》り　オ 不言実行《ふげんじっこう》

312ページの答《こた》え　(1) イ　(2) ア　(3) エ　(4) オ　(5) ウ

まんがでチェック!

［　　］に当《あ》てはまることばを、右《みぎ》ページのア～オから選《えら》ぼう。

旅行《りょこう》の写真《しゃしん》が［　　］思《おも》い出《で》になる。

ことばの意味《いみ》

ア かけがえのない
とても大切《たいせつ》で、ほかのものでは代《か》えられない。

イ 千差万別《せんさばんべつ》
さまざまな種類《しゅるい》があること。みんなそれぞれちがうこと。

ウ かた苦《くる》しい
やわらかみがなく、きゅうくつだ。

エ 心残《こころのこ》り
心配《しんぱい》や、残念《ざんねん》な気持《きも》ちが心《こころ》に残《のこ》って思《おも》い切《き》れないこと。

オ 不言実行《ふげんじっこう》
理《り》くつを言《い》わないで、するべきことをだまって行《おこな》うこと。

313ページの答《こた》え ウ

155

□に当《あ》てはまることばを、ア～オからひとつずつ選《えら》ぼう。

(1) 全員《ぜんいん》で□を合《あ》わせて行進《こうしん》する。

(2) 映画《えいが》のきばつな□が評判《ひょうばん》になる。

(3) □だね。いい習慣《しゅうかん》だから孫《まご》にも教《おし》えよう。

(4) 昨日《きのう》決《き》めた方針《ほうしん》が、今日《きょう》□こともある。

(5) 休《やす》みが取《と》れたのも□、すぐに仕事《しごと》が入《はい》った。

ことば

ア つかの間《ま》　イ くつがえる　ウ タイトル
エ すずめ百《ひゃく》までおどり忘《わす》れず　オ 歩調《ほちょう》

314ページの答《こた》え　(1) イ　(2) オ　(3) エ　(4) ア　(5) ウ

まんがでチェック!

[　]に当《あ》てはまることばを、右《みぎ》ページのア〜オから選《えら》ぼう。

前《まえ》に借《か》りていた本《ほん》の[　]を教《おし》えてもらう。

ことばの意味《いみ》

ア つかの間《ま》
ほんの少《すこ》しの間《あいだ》。

イ くつがえる
ひっくり返《かえ》る。おおもとから変《か》わる。反対《はんたい》になる。

ウ タイトル
本《ほん》や映画《えいが》などの題《だい》。

エ すずめ百《ひゃく》までおどり忘《わす》れず
人《ひと》が幼《おさな》い時《とき》に身《み》につけた習慣《しゅうかん》は、年《とし》を取《と》っても直《なお》らない。

オ 歩調《ほちょう》
歩《ある》くときの調子《ちょうし》。足並《あしな》み。大勢《おおぜい》で何《なに》かをするときの調子《ちょうし》。

315ページの答《こた》え ア

156

□に当《あ》てはまることばを、ア～オからひとつずつ選《えら》ぼう。

(1) 父《ちち》はマグロのおすしに□。

(2) 毎朝《まいあさ》、早起《はやお》きをするように□。

(3) やれることは全《すべ》てやったので□はない。

(4) にせ物《もの》だと思《おも》っていたが、□本物《ほんもの》だった。

(5) □では、いつまでたっても解決《かいけつ》しない。

ことば

ア 目《め》がない　イ 実《じつ》は　ウ 目《め》には目《め》を歯《は》には歯《は》を
エ くい　オ 心《こころ》がける

まんがでチェック!

□に当《あ》てはまることばを、右《みぎ》ページのア～オから選《えら》ぼう。

元太《げんた》はアイスクリームに□子《こ》だ。

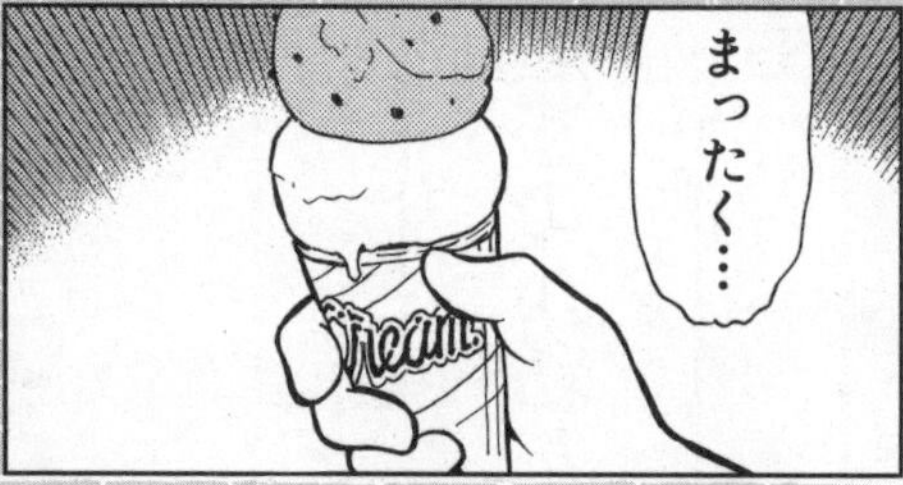

ことばの意味《いみ》

ア 目《め》がない
大変《たいへん》好《す》きである。

イ 実《じつ》は
本当《ほんとう》は。実際《じっさい》は。

ウ 目《め》には目《め》を歯《は》には歯《は》を
ひ害《がい》を受《う》けたら、同《おな》じ程度《ていど》のひ害《がい》を相手《あいて》にも返《かえ》すこと。

エ くい
しまったと思《おも》うこと。後《こう》かい。

オ 心《こころ》がける
いつも心《こころ》にとめて注意《ちゅうい》する。

317ページの答《こた》え ウ

157

□に当《あ》てはまることばを、ア〜オからひとつずつ選《えら》ぼう。

(1) 大切《たいせつ》な宝物《たからもの》を□ことはしない。

(2) 最後《さいご》までやり通《とお》すのが私《わたし》たちの□だ。

(3) だれに対《たい》しても□とものを言《い》う。

(4) 店《みせ》の売《う》り上《あ》げが□をくり返《かえ》している。

(5) 変《へん》な説明《せつめい》を聞《き》いてみんなが□な顔《かお》をした。

ことば

ア 一進一退《いっしんいったい》　イ おきて　ウ ずけずけ
エ 手放《てばな》す　オ けげん

まんがでチェック!

□に当《あ》てはまることばを、右《みぎ》ページのア～オから選《えら》ぼう。

子《こ》どもたちが、博士《はかせ》に□と文句《もんく》を言《い》う。

ことばの意味《いみ》

ア 一進一退《いっしんいったい》
進《すす》んだり後《あと》もどりをしたりすること。よくなったり悪《わる》くなったりすること。

イ おきて
守《まも》らなければならない決《き》まりや約束《やくそく》。

ウ ずけずけ
思《おも》ったことを遠《えん》りょなしに言《い》う様子《ようす》。

エ 手放《てばな》す
自分《じぶん》の持《も》っているものを人手《ひとで》にわたす。何《なに》かを持《も》っていた手《て》を放《はな》す。

オ けげん
ふしぎに思《おも》って、納得《なっとく》がいかない様子《ようす》。

319ページの答《こた》え ア

158

□に当《あ》てはまることばを、ア〜オからひとつずつ選《えら》ぼう。

(1) ほめられたからといって□な。

(2) しかられた友《とも》だちの□をする。

(3) 人《ひと》から□に聞《き》いた話《はなし》を信《しん》じて失敗《しっぱい》する。

(4) 休日《きゅうじつ》でも時間《じかん》を□しないようにする。

(5) かれは今年入《ことしはい》った□の新人《しんじん》だ。

ことば

ア 弁護《べんご》　イ てんぐになる　ウ 間接《かんせつ》
エ 浪費《ろうひ》　オ 注目《ちゅうもく》

まんがでチェック!

□に当《あ》てはまることばを、右《みぎ》ページのア～オから選《えら》ぼう。

工藤新一《くどうしんいち》は高校生探偵《こうこうせいたんてい》として□されていた。

ことばの意味《いみ》

ア 弁護《べんご》
わけを説明《せつめい》して人《ひと》をかばうこと。

イ てんぐになる
人《ひと》にほめられてうぬぼれる。

ウ 間接《かんせつ》
じかでなく間《あいだ》にものをはさんで、したり言《い》ったりすること。

エ 浪費《ろうひ》
むだづかい。

オ 注目《ちゅうもく》
注意《ちゅうい》して見《み》ること。

321ページの答《こた》え ウ

159

□に当《あ》てはまることばを、ア～オからひとつずつ選《えら》ぼう。

(1) 紙飛行機《かみひこうき》を作《つく》るのは□ことだ。

(2) 答《こた》えにくいことを聞《き》かれて思《おも》わず□。

(3) 地方《ちほう》の町《まち》がみな□と、国全体《くにぜんたい》が元気《げんき》になる。

(4) 世代間《せだいかん》のちがいを「□・ギャップ」と言《い》う。

(5) こんなにいい店《みせ》が近所《きんじょ》にあるとは。□だね。

ことば

ア 栄《さか》える　イ 灯台《とうだい》もと暗《くら》し　ウ 口《くち》ごもる

エ ジェネレーション　オ たやすい

まんがでチェック!

□に当《あ》てはまることばを、右《みぎ》ページのア～オから選《えら》ぼう。

コナンの視線《しせん》が気《き》になって□。

ことばの意味《いみ》

ア 栄《さか》える
勢《いきお》いが盛《さか》んになる。

イ 灯台《とうだい》もと暗《くら》し
自分《じぶん》のことや身近《みぢか》なことは、かえってわかりにくいものだというたとえ。

ウ 口《くち》ごもる
言葉《ことば》につまって、はっきり言《い》えない。

エ ジェネレーション
世代《せだい》。同世代《どうせだい》に属《ぞく》する人々《ひとびと》。

オ たやすい
わけなくできる。やさしい。

323ページの答《こた》え オ

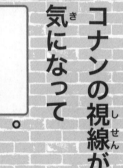

□に当《あ》てはまることばを、ア～オからひとつずつ選《えら》ぼう。

(1) 大《おお》きな声《こえ》で相手《あいて》を□する。

(2) 明日《あす》の天気《てんき》を□確認《かくにん》する。

(3) 興奮《こうふん》しすぎているので、□必要《ひつよう》がある。

(4) 美男美女《びなんびじょ》が多《おお》く来《き》て、パーティーが□。

(5) 3月《がつ》の□には東京《とうきょう》で桜《さくら》が開花《かいか》する。

ことば

ア 頭《あたま》を冷《ひ》やす　イ 威圧《いあつ》　ウ 下旬《げじゅん》

エ はなやぐ　オ しきりに

324ページの答《こた》え　(1) オ　(2) ウ　(3) ア　(4) エ　(5) イ

まんがでチェック!

[　]に当《あ》てはまることばを、右《みぎ》ページのア～オから選《えら》ぼう。

ピストルでコナンを[　]する。

ことばの意味《いみ》

ア 頭《あたま》を冷《ひ》やす
気持《きも》ちを落《お》ち着《つ》かせる。冷静《れいせい》になる。

イ 威圧《いあつ》
おどしておさえつけること。

ウ 下旬《げじゅん》
ひと月《つき》の終《お》わりの十日間《とおかかん》。

エ はなやぐ
はなやかになる。明《あか》るく、にぎやかになる。

オ しきりに
何度《なんど》も。ひっきりなしに。たびたび。強《つよ》く望《のぞ》む様子《ようす》。熱心《ねっしん》に。

325ページの答《こた》え　ウ

161

□に当《あ》てはまることばを、ア〜オからひとつずつ選《えら》ぼう。

(1) 理解《りかい》し合《あ》うには□必要《ひつよう》がある。

(2) ここで□、改《あらた》めて出直《でなお》そう。

(3) たばこは他人《たにん》の健康《けんこう》をも□おそれがある。

(4) あいまいに答《こた》えて□のはやめるべきだ。

(5) 解決《かいけつ》の糸口《いとぐち》がなくて、議論《ぎろん》が□になる。

ことば

ア 心機一転《しんきいってん》　イ お茶《ちゃ》をにごす　ウ 損《そこ》なう
エ 堂々《どうどう》めぐり　オ 腹《はら》を割《わ》る

326ページの答《こた》え　(1) イ　(2) オ　(3) ア　(4) エ　(5) ウ

まんがでチェック!

□に当《あ》てはまることばを、右《みぎ》ページのア〜オから選《えら》ぼう。

本心《ほんしん》を見《み》ぬかれて、適当《てきとう》に□。

ことばの意味《いみ》

ア 心機一転《しんきいってん》
あることをきっかけに、気分《きぶん》を新《あら》たにして出直《でなお》すこと。

イ お茶《ちゃ》をにごす
いい加減《かげん》なことを言《い》ったりしたりして、その場《ば》をごまかす。

ウ 損《そこ》なう
こわす。傷《きず》つける。悪《わる》くする。

エ 堂々《どうどう》めぐり
同《おな》じことがくり返《かえ》されて、先《さき》に進《すす》まないこと。

オ 腹《はら》を割《わ》る
本当《ほんとう》の気持《きも》ちや考《かんが》えを、かくさずに打《う》ち明《あ》ける。

327ページの答《こた》え イ

□に当《あ》てはまることばを、ア～オからひとつずつ選《えら》ぼう。

(1) 満足《まんぞく》がいく売《う》り上《あ》げに、社長《しゃちょう》が□。

(2) かれは□な正直者《しょうじきもの》だ。

(3) かのじょの体験談《たいけんだん》を聞《き》くと、□思《おも》いがする。

(4) □がかなって、宝石《ほうせき》を買《か》うことができた。

(5) 虫歯《むしば》になって、□に歯医者《はいしゃ》に行《い》かされた。

ことば

ア 身《み》につまされる　イ 念願《ねんがん》　ウ 相好《そうごう》をくずす
エ 典型的《てんけいてき》　オ いやおうなし

328ページの答《こた》え　(1) オ　(2) ア　(3) ウ　(4) イ　(5) エ

まんがでチェック!

□に当《あ》てはまることばを、
右《みぎ》ページのア～オから選《えら》ぼう。

「名探偵《めいたんてい》」と
言《い》われて
小五郎《こごろう》が
□。

お、おじさんの名探偵《めいたんてい》ぶりを見学《けんがく》したいと思《おも》って…
おーーそーかそーか、それならしっかり見《み》とけよ!!

ことばの意味《いみ》

ア 身《み》につまされる
人《ひと》の言葉《ことば》や行《おこな》いが、自分《じぶん》のことのように深《ふか》く思《おも》いやられる。

イ 念願《ねんがん》
長《なが》い間《あいだ》の願《ねが》い。強《つよ》い望《のぞ》み。

ウ 相好《そうごう》をくずす
うれしそうな顔《かお》つきをして、喜《よろこ》ぶ様子《ようす》。

エ 典型的《てんけいてき》
同《おな》じ種類《しゅるい》のものの中《なか》で、特《とく》ちょうをいちばんよく表《あらわ》している様子《ようす》。代表的《だいひょうてき》な様子《ようす》。

オ いやおうなし
いやだともいいとも言《い》わせない。むりやりに。

329ページの答《こた》え イ

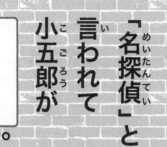

163

□に当《あ》てはまることばを、ア～オからひとつずつ選《えら》ぼう。

(1) 大《おお》きな政党《せいとう》が二《ふた》つに□する。

(2) □とともに街灯《がいとう》の明《あ》かりがつく。

(3) □ものをこわがるのは、ふつうのことだ。

(4) □になる人《ひと》がいるから行事《ぎょうじ》が成功《せいこう》する。

(5) 同《おな》じものを見《み》ても、人《ひと》の感《かん》じ方《かた》は□だ。

ことば

ア えんの下《した》の力持《ちからも》ち　イ 日没《にちぼつ》　ウ 分裂《ぶんれつ》　エ 十人十色《じゅうにんといろ》　オ 得体《えたい》が知《し》れない

まんがでチェック!

□に当《あ》てはまることばを、右《みぎ》ページのア～オから選《えら》ぼう。

□ものの声《こえ》が聞《き》こえてくる。

ことばの意味《いみ》

ア えんの下《した》の力持《ちからも》ち
人《ひと》の目《め》につかないところで、人《ひと》のためにつくすこと。また、その人《ひと》。

イ 日没《にちぼつ》
太陽《たいよう》が西《にし》にしずむこと。日《ひ》の入《い》り。

ウ 分裂《ぶんれつ》
一《ひと》つにまとまっていたものが、いくつかに分《わ》かれること。

エ 十人十色《じゅうにんといろ》
人《ひと》の顔《かお》かたちがちがうように、好《この》み・考《かんが》え方《かた》などは、それぞれちがうということ。

オ 得体《えたい》が知《し》れない
正体《しょうたい》や実体《じったい》がわからない。

331ページの答《こた》え ウ

□に当《あ》てはまることばを、ア～オからひとつずつ選《えら》ぼう。

(1) 改善《かいぜん》によって□成果《せいか》が現《あらわ》れた。

(2) 自分《じぶん》の欠点《けってん》を□ことがよくある。

(3) 時間《じかん》を□して演奏《えんそう》する。

(4) あの人《ひと》の□な人《ひと》がらには好感《こうかん》が持《も》てる。

(5) 試合終《しあいしゅう》りょうの直前《ちょくぜん》に□の点《てん》が入《はい》った。

ことば

ア 著《いちじる》しい　イ 短縮《たんしゅく》　ウ 起死回生《きしかいせい》

エ たなに上《あ》げる　オ 誠実《せいじつ》

332ページの答《こた》え　(1) ウ　(2) イ　(3) オ　(4) ア　(5) エ

まんがでチェック!

□に当《あ》てはまることばを、右《みぎ》ページのア～オから選《えら》ぼう。

自分《じぶん》たちのことを□少年探偵団《しょうねんたんていだん》だった。

ことばの意味《いみ》

ア 著《いちじる》しい
特《とく》に目立《めだ》ってはっきりしている。

イ 短縮《たんしゅく》
短《みじか》く縮《ちぢ》めること。

ウ 起死回生《きしかいせい》
どうすることもできなくなった状態《じょうたい》から、再《ふたた》びよい状態《じょうたい》に立《た》ち直《なお》らせること。

エ たなに上《あ》げる
都合《つごう》の悪《わる》いことは取《と》り上《あ》げないでそのままにしておく。

オ 誠実《せいじつ》
真心《まごころ》がこもっていて、真面目《まじめ》なこと。

333ページの答《こた》え　オ

165

□に当《あ》てはまることばを、ア～オからひとつずつ選《えら》ぼう。

(1) ルールを□と物《もの》ごとがうまくいく。

(2) 妹《いもうと》と□なことでけんかをする。

(3) 子《こ》どものころには絵本《えほん》を□読《よ》んでもらった。

(4) うまい商売《しょうばい》をして□の利益《りえき》を上《あ》げた。

(5) 最近《さいきん》は□回数《かいすう》が増《ふ》えた。

ことば

ア ぐちをこぼす　イ 定《さだ》める　ウ ぬれ手《て》にあわ　エ たびたび　オ ささい

334ページの答《こた》え　(1) ア　(2) エ　(3) イ　(4) オ　(5) ウ

まんがでチェック!

□に当てはまることばを、右《みぎ》ページのア～オから選《えら》ぼう。

いい服《ふく》が雨《あめ》にぬれてしまって□。

せっかくのフォーマルが雨《あめ》に濡《ぬ》れて台無《だいな》しですよ…
歩美《あゆみ》の靴《くつ》もグショグショ…昨夜《ゆうべ》買ってもらったばっかなのに〜〜〜…
――ってか、オメーら気合《きあ》い入《い》れ過《す》ぎ…

ことばの意味《いみ》

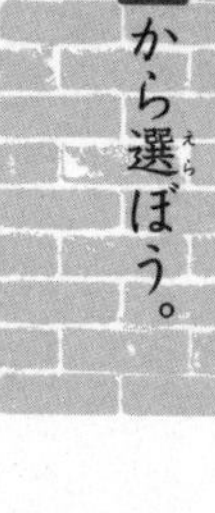

ア ぐちをこぼす
言《い》ってもしかたのないことを、くり返《かえ》して言《い》ってなげく。

イ 定《さだ》める
決《き》める。落《お》ち着《つ》かせる。

ウ ぬれ手《て》にあわ
苦労《くろう》しないで、もうけること。

エ たびたび
何度《なんど》も。

オ ささい
わずか。ちょっとしたこと。

335ページの答《こた》え エ

166

□に当《あ》てはまることばを、ア～オからひとつずつ選《えら》ぼう。

(1) 人々《ひとびと》の□が人命救助《じんめいきゅうじょ》に役立《やくだ》った。

(2) 城門《じょうもん》は、たいてい□かまえで作《つく》られている。

(3) あれだけ努力《どりょく》したのだから、□という気分《きぶん》だ。

(4) 変《へん》な意見《いけん》だが、□まちがいではなさそうだ。

(5) 坂《さか》を下《くだ》った後《あと》、自転車《じてんしゃ》を□で走《はし》らせる。

ことば

ア ネットワーク　イ あながち　ウ いかめしい

エ 惰性《だせい》　オ 後《あと》は野《の》となれ山《やま》となれ

336ページの答《こた》え　(1) イ　(2) オ　(3) エ　(4) ウ　(5) ア

まんがでチェック!

［　　］に当《あ》てはまることばを、右《みぎ》ページのア～オから選《えら》ぼう。

男《おとこ》が［　　］顔《かお》つきで入《はい》ってくる。

ことばの意味《いみ》

ア ネットワーク
人《ひと》と人《ひと》とのつながり。複数《ふくすう》のコンピュータを結《むす》んで、情報《じょうほう》を共有《きょうゆう》する仕組《しく》み。

イ あながち
必《かなら》ずしも。いちがいに。

ウ いかめしい
おごそかで重々《おもおも》しい様子《ようす》。厳《きび》しそうで、こわい様子《ようす》。

エ 惰性《だせい》
今《いま》までの状態《じょうたい》を、そのまま続《つづ》けること。物《ぶっ》体《たい》が同《おな》じ状態《じょうたい》でいようとする性質《せいしつ》。

オ 後《あと》は野《の》となれ山《やま》となれ
今《いま》さえよければ、先《さき》はどうなってもかまわない。無責任《むせきにん》な様子《ようす》。

337ページの答《こた》え　ア

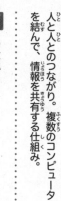

167

□に当《あ》てはまることばを、ア〜オからひとつずつ選《えら》ぼう。

(1) 映画《えいが》のヒーローの危険《きけん》なシーンに□。

(2) □では、大《おお》きなことは成《な》しとげられない。

(3) 一度《いちど》や二度《にど》の失敗《しっぱい》を□ことはない。

(4) 成功《せいこう》するためには、自信《じしん》□なくらいがいい。

(5) 何《なに》ごともない□にこそ幸《しあわ》せを感《かん》じる。

ことば

ア 行《い》き当《あ》たりばったり　イ 過剰《かじょう》　ウ 日常《にちじょう》

エ かたずをのむ　オ なげく

338ページの答《こた》え　(1) ア　(2) ウ　(3) オ　(4) イ　(5) エ

まんがでチェック!

右《みぎ》ページの[ ]に当《あ》てはまることばを、ア〜オから選《えら》ぼう。

ハァ——
私《わたし》の人生《じんせい》
大失敗《だいしっぱい》・・・
別居《べっきょ》なんかさっさとやめにして、人生《じんせい》やり直《なお》しちゃおうかしら…

お、お母《かあ》さん!?
ダメよコナン君《くん》、あんな大人《おとな》になっちゃ…
あ、はい!!

小五郎《こごろう》との結《けっ》こんを失敗《しっぱい》だったと[ ]。

ことばの意味《いみ》

ア 行《い》き当《あ》たりばったり
よく考《かんが》えないで、その場《ば》の思《おも》いつきですること。

イ 過剰《かじょう》
ありすぎること。

ウ 日常《にちじょう》
ふだん。毎日《まいにち》。

エ かたずをのむ
じっと息《いき》をつめて、成《な》り行《ゆ》きを心配《しんぱい》する様子《ようす》。

オ なげく
悲《かな》しく思《おも》う。いかり悲《かな》しむ。

339ページの答《こた》え ウ

168

□に当《あ》てはまることばを、ア～オからひとつずつ選《えら》ぼう。

(1) 証《しょう》こが□事件《じけん》は、解決《かいけつ》が難《むずか》しい。

(2) 希望通《きぼうどお》りにならなくて□。

(3) 働《はたら》いてばかりではなく、ときには□も必要《ひつよう》だ。

(4) 親子《おやこ》そろって野球好《やきゅうず》きだとは、□だね。

(5) せっかくのチャンスを□結果《けっか》になる。

ことば

ア かえるの子《こ》はかえる　イ とぼしい　ウ 口《くち》をとがらせる

エ 息《いき》ぬき　オ 棒《ぼう》にふる

340ページの答《こた》え　(1) エ　(2) ア　(3) オ　(4) イ　(5) ウ

まんがでチェック!

□に当《あ》てはまることばを、右《みぎ》ページのア～オから選《えら》ぼう。

きっさ店《てん》に入《はい》ったのに、あわただしくて□にならない。

ことばの意味《いみ》

ア かえるの子《こ》はかえる
子《こ》は親《おや》に似《に》るものだというたとえ。

イ とぼしい
少《すく》ない。足《た》りない。

ウ 口《くち》をとがらせる
不満《ふまん》な気持《きも》ちを顔《かお》つきに表《あらわ》す。

エ 息《いき》ぬき
ひと休《やす》みして気分《きぶん》を入《い》れかえること。

オ 棒《ぼう》にふる
努力《どりょく》などをむだにする。

341ページの答《こた》え オ

□に当《あ》てはまることばを、ア～オからひとつずつ選《えら》ぼう。

(1) あの選手《せんしゅ》のプレーは□だった。

(2) 故郷《こきょう》をはなれるときに、□思《おも》いがした。

(3) 公園《こうえん》の□には、多《おお》くの木《き》が植《う》えられている。

(4) ろう下《か》ですれちがったお客様《きゃくさま》に□をする。

(5) 心《こころ》に□があってうまくつき合《あ》えない。

ことば

ア 後《うし》ろがみを引《ひ》かれる　イ 圧巻《あっかん》　ウ 周囲《しゅうい》

エ わだかまり　オ えしゃく

342ページの答《こた》え　(1) イ　(2) ウ　(3) エ　(4) ア　(5) オ

まんがでチェック！

□に当《あ》てはまることばを、右《みぎ》ページのア〜オから選《えら》ぼう。

みんなの□を本《ほん》だなが取《と》り囲《かこ》む。

ことばの意味《いみ》

ア 後《うし》ろがみを引《ひ》かれる
かみの毛《け》を後《うし》ろから引《ひ》かれるように、後《あと》のことが心配《しんぱい》で思《おも》い切《き》れない。

イ 圧巻《あっかん》
ほかよりもはるかにすぐれていること。

ウ 周囲《しゅうい》
ある物《もの》の周《まわ》り。周辺《しゅうへん》。

エ わだかまり
（不満《ふまん》や疑《うたが》いなど）気《き》にかかることがあって、すっきりしないこと。

オ えしゃく
軽《かる》く頭《あたま》を下《さ》げて、おじぎをすること。

343ページの答《こた》え　エ

170

□に当《あ》てはまることばを、ア～オからひとつずつ選《えら》ぼう。

(1) 事件《じけん》への関《かか》わりを□する。

(2) 芸能人《げいのうじん》の□を持《も》って生《う》まれた人《ひと》だ。

(3) 家族《かぞく》のためなら□の損失《そんしつ》はしかたがない。

(4) ふつうとちがうからといって□な。

(5) 地方《ちほう》の小《ちい》さな街《まち》を結《むす》ぶ□線《せん》の列車《れっしゃ》に乗《の》る。

ことば

ア 多少《たしょう》　イ 白《しろ》い目《め》で見《み》る　ウ ローカル
エ 否定《ひてい》　オ 素質《そしつ》

344ページの答《こた》え　(1) イ　(2) ア　(3) ウ　(4) オ　(5) エ

まんがでチェック!

右《みぎ》ページの[　]に当《あ》てはまることばを、ア～オから選《えら》ぼう。

むきになって[　　]する。

ジョーダンいわないでよね!!
誰《だれ》があんな女《スケ》コマシ好《す》きなもんですか!!!

ことばの意味《いみ》

ア 多少《たしょう》
多《おお》いか少《すく》ないか。いくらか。少《すこ》し。

イ 白《しろ》い目《め》で見《み》る
悪意《あくい》やいかりのこもった冷《つめ》たい目《め》つきで人《ひと》を見《み》る。

ウ ローカル
地方《ちほう》の。地方《ちほう》らしさがある様子《ようす》。また、その地域《ちいき》や場所《ばしょ》に限定《げんてい》されていること。

エ 否定《ひてい》
そうでないと打《う》ち消《け》すこと。

オ 素質《そしつ》
生《う》まれつき持《も》っていて、将来《しょうらい》が期待《きたい》できる能力《のうりょく》や性質《せいしつ》。

345ページの答《こた》え　ウ

171

□に当《あ》てはまることばを、ア～オからひとつずつ選《えら》ぼう。

(1) 自動車《じどうしゃ》が人《ひと》より速《はや》く走《はし》れるのは□。

(2) □を捨《す》てて、すなおに謝《あやま》る。

(3) よい政治家《せいじか》は、小《ちい》さな声《こえ》にも□。

(4) あの発明家《はつめいか》のアイデアは□ことがない。

(5) □な対応《たいおう》をして、お客様《きゃくさま》にめいわくをかける。

ことば

ア 耳《みみ》をかたむける　イ 言《い》うまでもない　ウ 未熟《みじゅく》
エ プライド　オ つきる

346ページの答《こた》え　(1) エ　(2) オ　(3) ア　(4) イ　(5) ウ

まんがでチェック!

［　］に当《あ》てはまることばを、右《みぎ》ページのア〜オから選《えら》ぼう。

コナンの言葉《ことば》にみんなで［　　］。

ことばの意味《いみ》

ア 耳《みみ》をかたむける
一生《いっしょう》けんめいに聞《き》こうとする。熱心《ねっしん》に聞《き》く。

イ 言《い》うまでもない
今《いま》さら言《い》わなくてもわかっている。

ウ 未熟《みじゅく》
学問《がくもん》や技《わざ》が、まだ十分《じゅうぶん》なものでないこと。

エ プライド
自分《じぶん》を尊《とうと》び、名《めい》よを大切《たいせつ》にする気持《きも》ち。自尊心《じそんしん》。ほこり。

オ つきる
なくなる。使《つか》い果《は》たす。

347ページの答《こた》え　エ

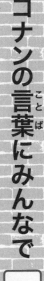

172

□に当《あ》てはまることばを、ア〜オからひとつずつ選《えら》ぼう。

(1) □資料《しりょう》を用意《ようい》して説明《せつめい》する。

(2) 祖父《そふ》とあの人《ひと》は□と言《い》える間《あいだ》がらだ。

(3) テレビで放送《ほうそう》されて□有名《ゆうめい》になる。

(4) 店《みせ》のかざりつけに、店長《てんちょう》の□が表《あらわ》れる。

(5) 森林《しんりん》が□の姿《すがた》のまま残《のこ》っている。

ことば

ア 原始《げんし》　イ センス　ウ 竹馬《ちくば》の友《とも》
エ 一躍《いちやく》　オ 補足《ほそく》

348ページの答《こた》え　(1) イ　(2) エ　(3) ア　(4) オ　(5) ウ

まんがでチェック!

□に当《あ》てはまることばを、右《みぎ》ページのア～オから選《えら》ぼう。

中身《なかみ》はばくだんではなく□の悪《わる》いパンツだった。

ことばの意味《いみ》

ア 原始《げんし》
物《もの》ごとの大《おお》もと。はじまり。自然《しぜん》のままの様子《ようす》。

イ センス
物《もの》ごとの非常《ひじょう》に細《こま》かい味《あじ》わいや意味《いみ》を感《かん》じ取《と》る、心《こころ》のはたらき。感覚《かんかく》。

ウ 竹馬《ちくば》の友《とも》
竹馬《たけうま》に乗《の》って、いっしょに遊《あそ》んだころの友《とも》だち。幼友《おさなとも》だち。

エ 一躍《いちやく》
一歩《いっぽ》一歩《いっぽ》進《すす》むのではなく、間《あいだ》をとびこえて進《すす》むこと。一足《いっそく》とび。

オ 補足《ほそく》
足《た》りないところを補《おぎな》い足《た》すこと。

349ページの答《こた》え ア

173

□に当《あ》てはまることばを、ア～オからひとつずつ選《えら》ぼう。

(1) 新《あたら》しい先生《せんせい》は□優《やさ》しそうな人《ひと》だ。

(2) 人《ひと》の欠点《けってん》を□に言《い》う人《ひと》がいる。

(3) まちがっているという□を受《う》ける。

(4) 人間《にんげん》の活動《かつどう》と自然《しぜん》との□を大切《たいせつ》にする。

(5) たとえ王様《おうさま》でも、そばで□人《ひと》が必要《ひつよう》だ。

ことば

ア 指摘《してき》　イ いかにも　ウ あからさま
エ いましめる　オ 調和《ちょうわ》

350ページの答《こた》え　(1) オ　(2) ウ　(3) エ　(4) イ　(5) ア

まんがでチェック!

□に当《あ》てはまることばを、右《みぎ》ページのア〜オから選《えら》ぼう。

そでに粉《こな》がついていることを□する。

ことばの意味《いみ》

ア 指摘《してき》
問題《もんだい》となるところを、特《とく》に取《と》り上《あ》げて示《しめ》すこと。

イ いかにも
本当《ほんとう》に。どう見《み》ても。

ウ あからさま
ありのまま。むき出《だ》し。

エ いましめる
教《おし》えさとす。注意《ちゅうい》する。しかる。

オ 調和《ちょうわ》
ほどよくつり合《あ》いが取《と》れていること。

351ページの答《こた》え イ

174

□に当《あ》てはまることばを、ア～オからひとつずつ選《えら》ぼう。

(1) こちらの作戦《さくせん》が相手《あいて》に□になる。

(2) 講演会《こうえんかい》の会場《かいじょう》で□人《ひと》がいた。

(3) 一人《ひとり》も□に置《お》くことがないようにしよう。

(4) 争《あらそ》いに加《くわ》わらなかったおかげで□を得《え》た。

(5) クラスのみんなが□に賛成《さんせい》した。

ことば

ア 漁夫《ぎょふ》の利《り》　イ 異口同音《いくどうおん》　ウ つつぬけ
エ ふねをこぐ　オ かやの外《そと》

352ページの答《こた》え　(1) イ　(2) ウ　(3) ア　(4) オ　(5) エ

まんがでチェック!

[　　]に当《あ》てはまることばを、右《みぎ》ページのア～オから選《えら》ぼう。

子《こ》どもたちが[　　]に お年玉《としだま》をねだる。

ことばの意味《いみ》

ア 漁《ぎょ》夫《ふ》の利《り》
人《ひと》が争《あらそ》っている間《あいだ》に、ほかの者《もの》が利益《りえき》を横《よこ》取《ど》りすること。

イ 異口同音《いくどうおん》
多《おお》くの人《ひと》がみな、口《くち》をそろえて同《おな》じことを言《い》うこと。

ウ つつぬけ
声《こえ》や音《おと》がそのままほかの人《ひと》に聞《き》こえること。また、秘密《ひみつ》などがほかに伝《つた》わること。

エ ふねをこぐ
いねむりをする。

オ かやの外《そと》
無視《むし》され、不利《ふり》なあつかいを受《う》ける。物《もの》ごととは関《かか》わりのない立場《たちば》に置《お》かれる。

353ページの答《こた》え　ア

□に当《あ》てはまることばを、ア〜オからひとつずつ選《えら》ぼう。

(1) うそがばれないように□。

(2) あの人《ひと》は□こわそうだが、優《やさ》しい人《ひと》だ。

(3) 何《なに》ごともおそれない□のある人《ひと》は強《つよ》い。

(4) 敵《てき》にせめられて、□のピンチになる。

(5) ほかの人《ひと》の□となった人《ひと》を表《ひょう》しょうする。

ことば

ア 気質《きしつ》　イ 模範《もはん》　ウ 一見《いっけん》

エ 絶体絶命《ぜったいぜつめい》　オ 口裏《くちうら》を合《あ》わせる

354ページの答《こた》え　(1) ウ　(2) エ　(3) オ　(4) ア　(5) イ

まんがでチェック!

[　]に当《あ》てはまることばを、右《みぎ》ページのア～オから選《えら》ぼう。

コナンが[　]の危《き》機《き》におちいる。

ことばの意《い》味《み》

ア 気《き》質《しつ》
生《う》まれつきの性質《せいしつ》。気立《きだ》て。

イ 模《も》範《はん》
手本《てほん》となるもの。

ウ 一見《いっけん》
一度《いちど》見《み》ること。ちょっと見《み》たところ。

エ 絶体絶命《ぜったいぜつめい》
追《お》いつめられて、のがれる方法《ほうほう》がないこと。

オ 口裏《くちうら》を合《あ》わせる
前《まえ》もって打《う》ち合《あ》わせて、話《はなし》の内容《ないよう》が合《あ》うようにする。

355ページの答《こた》え　イ

176

□に当《あ》てはまることばを、ア〜オからひとつずつ選《えら》ぼう。

(1) プロの演奏家《えんそうか》も□ほどのうまさだ。

(2) これまでにない□の新人《しんじん》だ。

(3) 変化《へんか》の速《はや》い時代《じだい》なので、情報《じょうほう》の□が必要《ひつよう》だ。

(4) 欲《ほ》しい品物《しなもの》を求《もと》めて、店内《てんない》を□で探《さが》し回《まわ》った。

(5) 私《わたし》がおこっているなんて、あなたの□だよ。

ことば

ア 思《おも》い過《す》ごし　イ 異色《いしょく》　ウ 舌《した》を巻《ま》く

エ アップデート　オ うの目《め》たかの目《め》

356ページの答《こた》え　(1) オ　(2) ウ　(3) ア　(4) エ　(5) イ

まんがでチェック!

[ ]に当《あ》てはまることばを、右《みぎ》ページのア～オから選《えら》ぼう。

事件《じけん》の手《て》がかりを[ ]で探《さが》す。

ことばの意味《いみ》

ア 思《おも》い過《す》ごし
よけいなことまで深《ふか》く考《かん》えること。

イ 異色《いしょく》
ちがっている色《いろ》。特別《とくべつ》に変《か》わっている様《よう》子《す》。

ウ 舌《した》を巻《ま》く
言葉《ことば》も出《で》ないほど、感心《かんしん》する。

エ アップデート
コンピュータで、新《あたら》しい内容《ないよう》のデータを重《かさ》ね書《が》きすること。新《あたら》しいものに変《か》えること。

オ うの目《め》たかの目《め》
ウやタカが、目《め》を大《おお》きくしてえものを探《さが》すように、熱心《ねっしん》に物《もの》を探《さが》す様子《ようす》。

357ページの答《こた》え エ

□に当《あ》てはまることばを、ア〜オからひとつずつ選《えら》ぼう。

(1) 車両《しゃりょう》の□で電車《でんしゃ》がおくれる。

(2) 優《やさ》しい□で赤《あか》ちゃんの世話《せわ》をする。

(3) なつかしい公園《こうえん》に□な思《おも》いをいだく。

(4) ルールを守《まも》ることで□が保《たも》たれる。

(5) 入部先《にゅうぶさき》として、サッカー部《ぶ》と野球部《やきゅうぶ》を□。

ことば

ア 天《てん》びんにかける　イ 格別《かくべつ》　ウ 眼差《まなざ》し
エ 秩序《ちつじょ》　オ トラブル

358ページの答《こた》え　(1) ウ　(2) イ　(3) エ　(4) オ　(5) ア

まんがでチェック!

□に当《あ》てはまることばを、右《みぎ》ページの**ア**〜**オ**から選《えら》ぼう。

するどい□で事件《じけん》を推理《すいり》する。

よめたぞ!
この事件《じけん》!!!

ことばの意味《いみ》

ア 天《てん》びんにかける
二《ふた》つのうちの、どちらを選《えら》べば得《とく》か、比《くら》べる。

イ 格別《かくべつ》
ふつうとちがうこと。特別《とくべつ》。とりわけ。

ウ 眼差《まなざ》し
物《もの》や人《ひと》を見《み》るときの目《め》の様子《ようす》。目《め》つき。

エ 秩序《ちつじょ》
物《もの》ごとの正《ただ》しい順序《じゅんじょ》。決《き》まり。

オ トラブル
もめごと。ごたごた。機械《きかい》などの故障《こしょう》。

359ページの答《こた》え オ

178

□に当《あ》てはまることばを、ア～オからひとつずつ選《えら》ぼう。

(1) 合格通知《ごうかくつうち》を□の思《おも》いで待《ま》っている。

(2) 君《きみ》の□に私《わたし》の顔《かお》が映《うつ》る。

(3) 勝手《かって》に行動《こうどう》するのは、全体《ぜんたい》の□ことになる。

(4) かれはあの女性《じょせい》に□を寄《よ》せている。

(5) 自分《じぶん》の考《かんが》えを□になって主張《しゅちょう》する。

ことば

ア ひとみ　イ 一日千秋《いちじつせんしゅう》　ウ いこじ
エ 好意《こうい》　オ 足《あし》を引《ひ》っ張《ぱ》る

360ページの答《こた》え　(1) オ　(2) ウ　(3) イ　(4) エ　(5) ア

まんがでチェック！

[　]に当《あ》てはまることばを、右《みぎ》ページの**ア**〜**オ**から選《えら》ぼう。

平次《へいじ》の優《やさ》しさに和葉《かずは》が[　　]をいだく。

ことばの意味《いみ》

ア ひとみ
目《め》の黒《くろ》い部分《ぶぶん》。目《め》。

イ 一日千秋《いちじつせんしゅう》
一日《いちにち》がまるで千年《せんねん》（千秋《せんしゅう》）に思《おも》えるくらい、非《ひ》常《じょう》に待《ま》ち遠《どお》しく感《かん》じられる。一日千秋《いちにちせんしゅう》とも。

ウ いこじ
意地《いじ》を張《は》って、がんこなこと。

エ 好意《こうい》
好《この》ましいと思《おも》う気持《きも》ち。親切《しんせつ》な心《こころ》。

オ 足《あし》を引《ひ》っ張《ぱ》る
人《ひと》のすることや物《もの》ごとの進行《しんこう》をじゃまする。

361ページの答《こた》え　ウ

179

□に当《あ》てはまることばを、ア〜オからひとつずつ選《えら》ぼう。

(1) 何《なん》でも知《し》っているあの先《せん》ぱいは、□ような人《ひと》だ。

(2) 新《あたら》しい行事《ぎょうじ》を成功《せいこう》させるために□。

(3) 今《いま》ごろ気《き》づいても、□だ。

(4) 林《はやし》の中《なか》で小《ちい》さな虫《むし》が□のを見《み》つけた。

(5) □に言《い》って、かれはおもしろい人《ひと》だ。

ことば

ア 意気《いき》ごむ
イ 後《あと》の祭《まつ》り
ウ 単刀直入《たんとうちょくにゅう》
エ うごめく
オ 目《め》から鼻《はな》へぬける

362ページの答《こた》え　(1) イ　(2) ア　(3) オ　(4) エ　(5) ウ

まんがでチェック!

□に当《あ》てはまることばを、右《みぎ》ページのア〜オから選《えら》ぼう。

起《お》きてしまった事件《じけん》をくやんでも□だ。

ことばの意味《いみ》

ア 意気《いき》ごむ
元気《げんき》づく。張《は》り切《き》る。

イ 後《あと》の祭《まつ》り
間《ま》に合《あ》わなくて役《やく》に立《た》たないこと。手《て》おくれ。

ウ 単刀直入《たんとうちょくにゅう》
いきなり、大切《たいせつ》な話《はなし》に入《はい》ること。

エ うごめく
はうように少《すこ》しずつ動《うご》く。

オ 目《め》から鼻《はな》へぬける
すばしこくわかりが早《はや》い。また、ぬけめがない。

363ページの答《こた》え エ

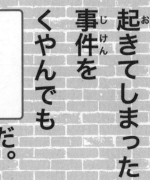

180

□に当《あ》てはまることばを、ア～オからひとつずつ選《えら》ぼう。

(1) 少《すこ》しでも□点《てん》があったら、調《しら》べてみよう。

(2) □手《て》おくれだと思《おも》い、あきらめた。

(3) 広《ひろ》い土地《とち》を持《も》っているという□を生《い》かす。

(4) 自然《しぜん》の中《なか》で□の生活《せいかつ》をすることが理想《りそう》だ。

(5) あの人《ひと》は□で、だれにでもいいことを言《い》う。

ことば

ア 疑《うたが》わしい
イ 自給自足《じきゅうじそく》
ウ メリット
エ 八方美人《はっぽうびじん》
オ もはや

364ページの答《こた》え　(1) オ　(2) ア　(3) イ　(4) エ　(5) ウ

まんがでチェック!

[　　]に当《あ》てはまることばを、右《みぎ》ページのア～オから選《えら》ぼう。

かれがけん道《どう》をやっていたと言《い》うのは[　　]。

本当《ほんとう》にけん道《どう》やってたの? 横手《よこて》さん…
けん道《どう》の試合《しあい》でガッツポーズなんかしちゃいけないって知《し》らなかったのに…

ことばの意味《いみ》

ア 疑《うたが》わしい
あやしい。はっきりとわからない。

イ 自給自足《じきゅうじそく》
生活《せいかつ》に必要《ひつよう》な物《もの》を、自分《じぶん》で作《つく》って間《ま》に合《あ》わせること。

ウ メリット
利益《りえき》。よいところ。

エ 八方美人《はっぽうびじん》
よく思《おも》われたくて、だれにでも愛想《あいそ》よくふるまう人《ひと》。

オ もはや
もう。早《はや》くも。今《いま》となっては。

365ページの答《こた》え　イ

181

□に当《あ》てはまることばを、ア～オからひとつずつ選《えら》ぼう。

(1) 高級料理《こうきゅうりょうり》を□に味《あじ》わってください。

(2) 行《い》きたい星《ほし》を□言《い》えば、土星《どせい》だ。

(3) 遊園地《ゆうえんち》で迷子《まいご》になった子《こ》を□する。

(4) かえるは両生類《りょうせいるい》に□生《い》き物《もの》だ。

(5) よくない話《はなし》ばかりを聞《き》かされて□になる。

ことば

ア 存分《ぞんぶん》　イ しいて　ウ 保護《ほご》
エ にげごし　オ 属《ぞく》する

366ページの答《こた》え　(1) ア　(2) オ　(3) ウ　(4) イ　(5) エ

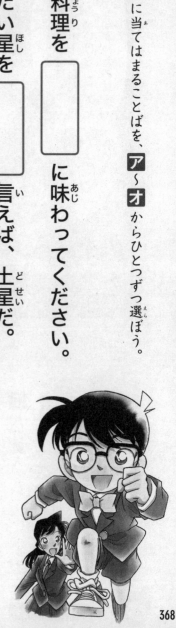

まんがでチェック!

□に当《あ》てはまることばを、右《みぎ》ページのア～オから選《えら》ぼう。

黒《くろ》ずくめの男《おとこ》たちの組織《そしき》に□人物《じんぶつ》だった。

沼淵《ぬまぶち》己《き》一郎《いちろう》は元《もと》組織《そしき》の一員《いちいん》…

あなたが言《い》う黒《くろ》ずくめの男達《おとこたち》の…
仲間《なかま》の一人《ひとり》よ…

ことばの意味《いみ》

ア 存分《ぞんぶん》
思《おも》い通《どお》り。十分《じゅうぶん》に。

イ しいて
無理《むり》に。むりやりに。

ウ 保護《ほご》
助《たす》け守《まも》ること。かばい守《まも》ること。

エ にげごし
にげ出《だ》そうとするこしつき。何《なに》かからのがれようとする態度《たいど》。

オ 属《ぞく》する
ある集《あつ》まりに入《はい》っている。ある種類《しゅるい》やはんいの中《なか》に入《はい》る。ふくまれている。

367ページの答《こた》え ア

182

□に当《あ》てはまることばを、ア〜オからひとつずつ選《えら》ぼう。

(1) 裏切《うらぎ》ったな！　□とはこのことだ。

(2) もう少《すこ》し続《つづ》けてがんばろう。□だ。

(3) 事故《じこ》に巻《ま》きこまれたが、□ことができた。

(4) 友人《ゆうじん》の□で、けんか相手《あいて》と仲直《なかなお》りができた。

(5) 生《お》い立《た》ちはちがうけれど、不思議《ふしぎ》と□人《ひと》だ。

ことば

ア 九死《きゅうし》に一生《いっしょう》を得《え》る　イ 石《いし》の上《うえ》にも三年《さんねん》　ウ 仲立《なかだ》ち

エ 馬《うま》が合《あ》う　オ 飼《か》い犬《いぬ》に手《て》をかまれる

まんがでチェック!

□に当《あ》てはまることばを、右《みぎ》ページのア〜オから選《えら》ぼう。

同《おな》じことをしたくなる二人《ふたり》は□。

いやね…さっきの暗号《あんごう》を見《み》ていたらなにやら麻雀《マージャン》を打《う》ちたくなっちゃって…
なんだ、君《きみ》もかね?

ことばの意味《いみ》

ア 九死《きゅうし》に一生《いっしょう》を得《え》る
死《し》ぬはずのところを、やっと助《たす》かること。

イ 石《いし》の上《うえ》にも三年《さんねん》
つらいことでもじっとしんぼうすれば、最《さい》後《ご》にはよい結果《けっか》が得《え》られる。

ウ 仲立《なかだ》ち
両方《りょうほう》の間《あいだ》に入《はい》って、取《と》り持《も》つこと。また、その人《ひと》。

エ 馬《うま》が合《あ》う
気《き》が合《あ》う。

オ 飼《か》い犬《いぬ》に手《て》をかまれる
自分《じぶん》が世話《せわ》をしたり、育《そだ》てたりした者《もの》に裏切《うらぎ》られることのたとえ。

369ページの答《こた》え　オ

183

□に当《あ》てはまることばを、ア〜オからひとつずつ選《えら》ぼう。

(1) 学芸会《がくげいかい》の劇《げき》で□な衣装《いしょう》を用意《ようい》した。

(2) 君《きみ》ならだいじょうぶだ。□するな。

(3) 卒業前《そつぎょうまえ》のそうじをきちんとしよう。□だ。

(4) 生《い》き物《もの》の命《いのち》は、みな□ものだ。

(5) ようやく商売《しょうばい》が□ようになった。

ことば

ア 貴《とうと》い　イ しりごみ　ウ 軌道《きどう》に乗《の》る　エ 奇抜《きばつ》　オ 立《た》つ鳥《とり》あとをにごさず

370ページの答《こた》え　(1) オ　(2) イ　(3) ア　(4) ウ　(5) エ

まんがでチェック!

［　］に当《あ》てはまることばを、右《みぎ》ページのア～オから選《えら》ぼう。

［　］してしまって、インターホンをおせない。

ことばの意味《いみ》

ア 貴《とうと》い
すぐれていて、値打《ねう》ちがある。価値《かち》が高《たか》い。たっとい。

イ しりごみ
後《あと》ずさりすること。ためらうこと。

ウ 軌道《きどう》に乗《の》る
物《もの》ごとが計画通《けいかくどお》りに進《すす》む。

エ 奇抜《きばつ》
思《おも》いもよらないほど、変《か》わっていること。風変《ふうが》わり。

オ 立《た》つ鳥《とり》あとをにごさず
去《さ》るときは、あとが見苦《みぐる》しくないよう、きちんと始末《しまつ》するべきというたとえ。

371ページの答《こた》え　エ

184

□に当《あ》てはまることばを、ア～オからひとつずつ選《えら》ぼう。

（1）へりくつを言《い》って、□つもりらしい。

（2）試《し》合《あい》の□を記《き》録《ろく》する。

（3）意《い》見《けん》が対《たい》立《りつ》したために□な関《かん》係《けい》になった。

（4）□なので、人《ひと》前《まえ》でのあいさつは苦《にが》手《て》だ。

（5）パソコンに新《あたら》しいソフトを□する。

ことば

ア けむに巻《ま》く　イ 口《くち》下《べ》手《た》　ウ 険《けん》悪《あく》

エ 一《いち》部《ぶ》始《し》終《じゅう》　オ インストール

372ページの答《こた》え　（1）エ　（2）イ　（3）オ　（4）ア　（5）ウ

まんがでチェック!

[　]に当《あ》てはまることばを、右《みぎ》ページの**ア**～**オ**から選《えら》ぼう。

知《し》らぬ間《ま》に[　]な雰囲気《ふんいき》になっていた。

ことばの意味《いみ》

ア けむに巻《ま》く
大《おお》げさなことやとっぴなことを言《い》って、相《あい》手《て》をまどわせてごまかす。

イ 口下手《くちべた》
話《はな》しのしかたがへたなこと。

ウ 険悪《けんあく》
よくないことが起《お》こりそうな様子《ようす》。厳《きび》しく、とげとげしい様子《ようす》。

エ 一部始終《いちぶしじゅう》
始《はじ》まりから終《お》わりまで。また、もれなく全部《ぜんぶ》。

オ インストール
コンピュータでソフトウェアなどを導入《どうにゅう》、設定《せってい》し、使《つか》えるようにすること。

373ページの答《こた》え イ

185

□に当《あ》てはまることばを、ア～オからひとつずつ選《えら》ぼう。

(1) 来月《らいげつ》からの海外転勤《かいがいてんきん》を□。

(2) 前進《ぜんしん》するしかないから□で取《と》り組《く》もう。

(3) 少《すこ》しくらいの苦労《くろう》で□ような人《ひと》ではない。

(4) 自分《じぶん》を守《まも》るために他人《たにん》を□のはひきょうだ。

(5) 自分《じぶん》が□する政治家《せいじか》が、選挙《せんきょ》で当選《とうせん》した。

ことば

ア おとしいれる　イ 支持《しじ》　ウ 背水《はいすい》の陣《じん》

エ 弱音《よわね》をはく　オ 命《めい》じる

374ページの答《こた》え　(1) ア　(2) エ　(3) ウ　(4) イ　(5) オ

まんがでチェック!

[　　]に当《あ》てはまることばを、右《みぎ》ページのア～オから選《えら》ぼう。

目暮警部《めぐれけいぶ》が作戦《さくせん》の開始《かいし》を[　　]。

ことばの意味《いみ》

ア おとしいれる
だまして苦《くる》しい立場《たちば》に追《お》いやる。城《しろ》などをせめとる。

イ 支持《しじ》
人《ひと》の意見《いけん》や行動《こうどう》に賛成《さんせい》し、その人《ひと》を助《たす》けること。

ウ 背水《はいすい》の陣《じん》
これ以上退《いじょうしりぞ》けない場所《ばしょ》で戦《たたか》う陣《じん》がまえ。退《しりぞ》いたりできないかくごをすること。

エ 弱音《よわね》をはく
いくじのないことを言《い》う。

オ 命《めい》じる
命令《めいれい》する。ある地位《ちい》につける。任命《にんめい》する。

375ページの答《こた》え ウ

186

□に当《あ》てはまることばを、ア～オからひとつずつ選《えら》ぼう。

(1) みんなで□をそろえて行動《こうどう》しよう。

(2) 大統領《だいとうりょう》が□な選挙《せんきょ》で選《えら》ばれた。

(3) 校長先生《こうちょうせんせい》にほめられて□になった。

(4) 豊《ゆた》かな社会《しゃかい》の中《なか》にも□はある。

(5) 人《ひと》はだれでも、□なやみをかかえている。

ことば

ア 有頂天《うちょうてん》　イ 民主的《みんしゅてき》　ウ 足並《あしな》み

エ 格差《かくさ》　オ 大《だい》なり小《しょう》なり

まんがでチェック!

□に当《あ》てはまることばを、右《みぎ》ページの**ア**〜**オ**から選《えら》ぼう。

お祝《いわ》いの飲《の》み会《かい》にさそわれて□になる。

ことばの意味《いみ》

ア 有頂天《うちょうてん》
すっかり喜《よろこ》んで夢中《むちゅう》になる様子《ようす》。

イ 民主的《みんしゅてき》
大勢《おおぜい》の人《ひと》の考《かんが》えを重《おも》んじる民主主義《みんしゅしゅぎ》の考《かんが》え方《かた》に、当《あ》てはまっていること。

ウ 足並《あしな》み
いっしょに行動《こうどう》するときの考《かんが》えや行動《こうどう》のそろい具合《ぐあい》。

エ 格差《かくさ》
物《もの》の値打《ねう》ちや生活《せいかつ》の程度《ていど》などのちがい。

オ 大《だい》なり小《しょう》なり
大《おお》きくても小《ちい》さくても。どちらにしても。

377ページの答《こた》え オ

187

□に当《あ》てはまることばを、ア～オからひとつずつ選《えら》ぼう。

(1) □な記《き》おくをたよりに道《みち》を歩《ある》く。

(2) しんちょうに、□姿勢《しせい》が大切《たいせつ》だ。

(3) □な日《ひ》ざしの中《なか》、公園《こうえん》でのんびりと過《す》ごす。

(4) 安《やす》いうえに早《はや》く着《つ》くから、電車《でんしゃ》の利用《りよう》は□だ。

(5) はずかしい失敗《しっぱい》をして□思《おも》いがした。

ことば

ア 石橋《いしばし》をたたいてわたる　イ 顔《かお》から火《ひ》が出《で》る　ウ 不確《ふたし》か

エ うららか　オ 一石二鳥《いっせきにちょう》

378ページの答《こた》え　(1) ウ　(2) イ　(3) ア　(4) エ　(5) オ

まんがでチェック!

□に当《あ》てはまることばを、右《みぎ》ページのア〜オから選《えら》ぼう。

□な春《はる》の日《ひ》に、解決《かいけつ》した事件《じけん》の数《かず》を数《かぞ》える。

ことばの意味《いみ》

ア 石橋《いしばし》をたたいてわたる
石《いし》の橋《はし》でもたたいて確《たし》かめてからわたるように、非常《ひじょう》に用心深《ようじんぶか》いことのたとえ。

イ 顔《かお》から火《ひ》が出《で》る
大変《たいへん》はずかしい思《おも》いをして、顔《かお》が真《ま》っ赤《か》になる。

ウ 不確《ふたし》か
確《たし》かでない様子《ようす》。まちがいなくそうだとは言《い》えない様子《ようす》。

エ うららか
日《ひ》の光《ひかり》がのどかで、気持《きも》ちのいい様子《ようす》。

オ 一石二鳥《いっせきにちょう》
ある一《ひと》つのことをして、二《ふた》つの得《とく》をするたとえ。

379ページの答《こた》え ア

188

□に当《あ》てはまることばを、ア～オからひとつずつ選《えら》ぼう。

(1) いつも反対意見《はんたいいけん》を言《い》う人《ひと》とは□。

(2) 川《かわ》の流《なが》れの音《おと》が□聞《き》こえてくる。

(3) 起《お》きなさい。□をしているのはわかっているぞ。

(4) 危険《きけん》をさけようとするのは動物《どうぶつ》の□だ。

(5) 失敗《しっぱい》を反省《はんせい》して□必要《ひつよう》がある。

ことば

ア 絶《た》えず　イ 反《そ》りが合《あ》わない　ウ えりを正《ただ》す

エ たぬきね入《い》り　オ 本能《ほんのう》

まんがでチェック!

［　　］に当《あ》てはまることばを、右《みぎ》ページのア～オから選《えら》ぼう。

［　　］をしながら二人《ふたり》の話《はなし》を聞《き》く。

ことばの意味《いみ》

ア 絶《た》えず
絶《た》えることなく。いつも。

イ 反《そ》りが合《あ》わない
性質《せいしつ》や考《かんが》え方《かた》がちがうために、気持《きも》ちがしっくりしない。

ウ えりを正《ただ》す
まじめな気持《きも》ちになって身《み》じまいを正《ただ》し、きちんとする。

エ たぬきね入《い》り
ねたふりをすること。そらね。

オ 本能《ほんのう》
生《い》き物《もの》が生《う》まれつき持《も》っている性質《せいしつ》や能力《のうりょく》。

381ページの答《こた》え エ

189

□に当《あ》てはまることばを、ア～オからひとつずつ選《えら》ぼう。

(1) 報告書《ほうこくしょ》の□な内容《ないよう》をまとめる。

(2) 責任《せきにん》の追《つい》きゅうより、ひ害者《がいしゃ》の救済《きゅうさい》が□だ。

(3) 自信《じしん》がなくて、意見《いけん》を言《い》うのを□する。

(4) いそがしいときに訪問《ほうもん》して□対応《たいおう》をされる。

(5) いい考《かんが》えだと思《おも》ったが、友人《ゆうじん》に□にきゃっかされた。

ことば

ア 先決《せんけつ》　イ 一刀両断《いっとうりょうだん》　ウ 大《おお》まか
エ ちゅうちょ　オ つれない

まんがでチェック!

□に当《あ》てはまることばを、右《みぎ》ページのア〜オから選《えら》ぼう。

蘭《らん》がこわがって、館《やかた》に行《い》くのを□する。

ことばの意味《いみ》

ア 先決《せんけつ》
何《なに》よりもまず先《さき》に決《き》めなければならないこと。

イ 一刀両断《いっとうりょうだん》
物《もの》ごとを思《おも》い切《き》って処理《しょり》したり解決《かいけつ》したりすること。まっぷたつに断《た》ち切《き》ること。

ウ 大《おお》まか
細《こま》かくない、だいたいのこと。

エ ちゅうちょ
どうしようかと、迷《まよ》ってぐずぐずすること。

オ つれない
思《おも》いやりがなくて冷《つめ》たい。よそよそしい。

383ページの答《こた》え　エ

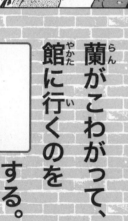

190

□に当《あ》てはまることばを、ア～オからひとつずつ選《えら》ぼう。

(1) 相手《あいて》の□のは感心《かんしん》しない。

(2) ことの□に任《まか》せて様子《ようす》を見《み》る。

(3) スマホのゲームに□人《ひと》もいる。

(4) 優勝《ゆうしょう》は、□の努力《どりょく》ではできないことだ。

(5) 年末《ねんまつ》は□ほどいそがしい。

ことば

ア ねこの手《て》も借《か》りたい　イ 一朝一夕《いっちょういっせき》　ウ うつつをぬかす

エ あげ足《あし》を取《と》る　オ 成《な》り行《ゆ》き

まんがでチェック!

□に当《あ》てはまることばを、右《みぎ》ページのア〜オから選《えら》ぼう。

仕事《しごと》をしないで沖野《おきの》ヨーコの歌《うた》に□。

ことばの意味《いみ》

ア ねこの手《て》も借《か》りたい
いそがしくて人手《ひとで》の足《た》りないことのたとえ。

イ 一朝一夕《いっちょういっせき》
短《みじか》い時間《じかん》。わずかの間《あいだ》。

ウ うつつをぬかす
心《こころ》をうばわれて、夢中《むちゅう》になる。

エ あげ足《あし》を取《と》る
人《ひと》の言葉《ことば》のおかしなところや、言《い》い誤《あやま》りを取《と》り上《あ》げて困《こま》らせる。

オ 成《な》り行《ゆ》き
物《もの》ごとが移《うつ》り変《か》わっていくありさま。これから先《さき》の進《すす》み具合《ぐあい》。

385ページの答《こた》え エ

191

□に当《あ》てはまることばを、ア〜オからひとつずつ選《えら》ぼう。

(1) それとこれとは□関係《かんけい》がない。

(2) みんなが□ことで解決《かいけつ》できる問題《もんだい》だ。

(3) まるで事実《じじつ》のように思《おも》えるが、□だ。

(4) □に話《はな》したほうがわかりやすい。

(5) 本日《ほんじつ》□で安売《やすう》りをする。

ことば

ア 具体的《ぐたいてき》　イ フィクション　ウ 知恵《ちえ》をしぼる

エ 限定《げんてい》　オ いっさい

まんがでチェック!

□に当《あ》てはまることばを、右《みぎ》ページのア〜オから選《えら》ぼう。

暗号《あんごう》を解読《かいどく》するために□。

くそっ…
くそっ…
くそっ…
ガリ
ガリ

隣《とな》り合《あ》った文字《もじ》を足《た》しても引《ひ》いても全《まった》く意味《いみ》が通《とお》らねぇ!!
なんなんだこの暗号《あんごう》は!?

ことばの意味《いみ》

ア 具体的《ぐたいてき》
事《こと》がらや様子《ようす》が実際《じっさい》の形《かたち》をそなえていて、はっきりしていること。

イ フィクション
実際《じっさい》にはない作《つく》りごと。また、そのような話《はなし》。

ウ 知恵《ちえ》をしぼる
ありったけの知恵《ちえ》で、あれこれと考《かんが》える。

エ 限定《げんてい》
物《もの》ごとや数量《すうりょう》のはんいを限《かぎ》ること。

オ いっさい
まったく。全然《ぜんぜん》。

387ページの答《こた》え ウ

192

□に当《あ》てはまることばを、ア〜オからひとつずつ選《えら》ぼう。

(1) 日本人《にっぽんじん》は□と言《い》われることが多《おお》い。

(2) やはり冬《ふゆ》は寒《さむ》いものだと□思《おも》う。

(3) みんなで考《かんが》えよう。□というからね。

(4) 道《みち》で大《おお》きな犬《いぬ》に出会《であ》って、思《おも》わず□した。

(5) 容疑者《ようぎしゃ》が人混《ひとご》みに□前《まえ》につかまえる。

ことば

ア 三人寄《さんにんよ》れば文殊《もんじゅ》の知恵《ちえ》　イ 後《あと》ずさり　ウ まぎれる

エ おくゆかしい　オ つくづく

388ページの答《こた》え　(1) オ　(2) ウ　(3) イ　(4) ア　(5) エ

まんがでチェック!

[ ]に当《あ》てはまることばを、右《みぎ》ページのア～オから選《えら》ぼう。

[ ]おどろくべき事態《じたい》を目《め》にして、
蘭《らん》が[ ]する。

ことばの意味《いみ》

ア 三人《さんにん》寄《よ》れば文殊《もんじゅ》の知恵《ちえ》
三人《さんにん》で相談《そうだん》すれば、知恵《ちえ》のあるぼさつのような、いい知恵《ちえ》がわく、ということ。

イ 後《あと》ずさり
前《まえ》を向《む》いたまま後《うし》ろへ下《さ》がること。

ウ まぎれる
入《い》り混《ま》じってわからなくなる。

エ おくゆかしい
上品《じょうひん》で深《ふか》みがあり、なんとなく心《こころ》が引《ひ》きつけられる。

オ つくづく
よくよく。しみじみ。心《こころ》から。

389ページの答《こた》え ウ

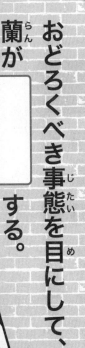

193

□に当《あ》てはまることばを、ア〜オからひとつずつ選《えら》ぼう。

(1) 読書《どくしょ》に□して、食事《しょくじ》を忘《わす》れる。

(2) □のファッションをチェックする。

(3) 社長《しゃちょう》の方針《ほうしん》に対《たい》して□な意見《いけん》を伝《つた》えた。

(4) 勝手《かって》なことをさせないように□必要《ひつよう》がある。

(5) 空気《くうき》がかんそうする季節《きせつ》はのどの□をする。

ことば

ア ケア　イ 没頭《ぼっとう》　ウ 率直《そっちょく》
エ 最新《さいしん》　オ くぎをさす

390ページの答《こた》え　(1) エ　(2) オ　(3) ア　(4) イ　(5) ウ

まんがでチェック!

□に当《あ》てはまることばを、右《みぎ》ページのア〜オから選《えら》ぼう。

小五郎《こごろう》の□な答《こた》えに会場《かいじょう》がわいた。

ことばの意味《いみ》

ア ケア
注意《ちゅうい》。用心《ようじん》。世話《せわ》をすること。

イ 没頭《ぼっとう》
物《もの》ごとに夢中《むちゅう》になること。

ウ 率直《そっちょく》
ありのままで、かざり気《け》のないこと。

エ 最新《さいしん》
いちばん新《あたら》しいこと。

オ くぎをさす
まちがいのないように念《ねん》をおす。

□に当《あ》てはまることばを、ア～オからひとつずつ選《えら》ぼう。

(1) 自信《じしん》たっぷりに□と歩《ある》く。

(2) 消防士《しょうぼうし》だけが火災現場《かさいげんば》に□。

(3) 早朝《そうちょう》のおいしい空気《くうき》を吸《す》える。□だ。

(4) □といわれるから悪《わる》いことはできない。

(5) ひどい話《はなし》だったけど、昔《むかし》のことだから□よ。

ことば

ア ふみとどまる　イ 水《みず》に流《なが》す　ウ 早起《はやお》きは三文《さんもん》の徳《とく》
エ 悪事千里《あくじせんり》を走《はし》る　オ さっそう

392ページの答《こた》え　(1) イ　(2) エ　(3) ウ　(4) オ　(5) ア

まんがでチェック!

□に当《あ》てはまることばを、右《みぎ》ページのア～オから選《えら》ぼう。

二人《ふたり》の前《まえ》に真《まこと》が□と現《あらわ》れた。

ことばの意味《いみ》

ア ふみとどまる
足《あし》に力《ちから》を入《い》れて、その場所《ばしょ》にとまる。人《ひと》がいなくなっても、後《あと》まで残《のこ》る。

イ 水《みず》に流《なが》す
前《まえ》にあったふゆかいなことを、なかったことにする。

ウ 早起《はやお》きは三文《さんもん》の徳《とく》
朝早《あさはや》く起《お》きると、何《なに》かしらよいことがあるということ。「徳《とく》」は「得《とく》」とも書《か》く。

エ 悪事千里《あくじせんり》を走《はし》る
悪《わる》いことをすると、うわさですぐに知《し》れわたってしまうということ。

オ さっそう
態度《たいど》や身《み》なりがかっこうよく、見《み》て気持《きも》ちのいい様子《ようす》。

393ページの答《こた》え ウ

195

［　］に当《あ》てはまることばを、ア〜オからひとつずつ選《えら》ぼう。

(1) 収入《しゅうにゅう》に合《あ》わせて費用《ひよう》の［　］をお願《ねが》いする。

(2) 話《はなし》が［　］と聞《き》きたくなくなる。

(3) 難《むずか》しい修理《しゅうり》で、結局《けっきょく》［　］ことになった。

(4) この風景写真《ふうけいしゃしん》の色《いろ》はとても［　］だ。

(5) 人《ひと》の気持《きも》ちを［　］のはよくないことだ。

ことば

ア もてあそぶ　イ くどい　ウ 負担《ふたん》

エ あざやか　オ さじを投《な》げる

394ページの答《こた》え　(1) オ　(2) ア　(3) ウ　(4) エ　(5) イ

まんがでチェック!

［　　］に当《あ》てはまることばを、右《みぎ》ページのア〜オから選《えら》ぼう。

敵《てき》をたおす［　　］な技《わざ》が決《き》まった。

ことばの意味《いみ》

ア もてあそぶ
なぐさみにしておもしろがる。また、思《おも》うままにあやつる。

イ くどい
何度《なんど》もくり返《かえ》して、しつこい。

ウ 負担《ふたん》
責任《せきにん》や仕事《しごと》を引《ひ》き受《う》けること。

エ あざやか
いろどりがはっきりして、きれいな様子《ようす》。やり方《かた》がすばらしい様子《ようす》。

オ さじを投《な》げる
見《み》こみがないとあきらめて見放《みはな》す。

395ページの答《こた》え オ

196

□に当《あ》てはまることばを、ア～オからひとつずつ選《えら》ぼう。

(1) 欲張《よくば》ると□になりかねない。

(2) 尊敬《そんけい》する先《せん》ぱいからたのまれて、□引《ひ》き受《う》けた。

(3) 初《はじ》めてのことで□のは当《あ》たり前《まえ》だ。

(4) 「□」というから、毎日《まいにち》少《すこ》しずつ貯金《ちょきん》をする。

(5) 君《きみ》と私《わたし》の考《かんが》え方《かた》には□がある。

ことば

ア あぶはち取《と》らず　イ へだたり　ウ 一《いち》も二《に》もなく
エ まごつく　オ ちりも積《つ》もれば山《やま》となる

396ページの答《こた》え　(1) ウ　(2) イ　(3) オ　(4) エ　(5) ア

まんがでチェック!

[　　]に当《あ》てはまることばを、右《みぎ》ページの**ア**～**オ**から選《えら》ぼう。

今《いま》すぐ伴野《ばんの》さんのマネージメントをやってる事務所《じむしょ》へ行《い》き保管《ほかん》してあるファンレターの中《なか》から…
例《れい》の「愛《あい》してる」の文字《もじ》と同《おな》じ筆跡《ひっせき》のファンがいないか確《たし》かめろ!!
はい!
ダッ
オイイ…

警部《けいぶ》の指示《しじ》を聞《き》いて[　　]走《はし》り出《だ》す。

ことばの意味《いみ》

ア あぶはち取《と》らず
あれもこれもと欲《よく》ばると、どれも失敗《しっぱい》するということ。

イ へだたり
はなれている度合《どあ》い。考《かんが》えや能力《のうりょく》のちがい。

ウ 一《いち》も二《に》もなく
あれこれ言《い》うことなく。

エ まごつく
迷《まよ》って、うろうろする。わからなくて、まごまごする。

オ ちりも積《つ》もれば山《やま》となる
わずかな物《もの》でも集《あつ》まれば大《おお》きくなるというたとえ。

397ページの答《こた》え　エ

197

□に当《あ》てはまることばを、ア～オからひとつずつ選《えら》ぼう。

(1) お気《き》に入《い》りのお店《みせ》に毎日《まいにち》□。

(2) □な資源《しげん》にめぐまれた国《くに》だ。

(3) 人口《じんこう》が都市《とし》に集中《しゅうちゅう》しているのが日本《にっぽん》の□だ。

(4) チケットは□で買《か》ってください。

(5) □なことなのでうまくいかない。

ことば

ア 現状《げんじょう》　イ 足《あし》を運《はこ》ぶ　ウ 各自《かくじ》
エ 不慣《ふな》れ　オ 豊富《ほうふ》

398ページの答《こた》え　(1) ア　(2) ウ　(3) エ　(4) オ　(5) イ

まんがでチェック!

[　　]に当《あ》てはまることばを、右《みぎ》ページのア～オから選《えら》ぼう。

子《こ》どもなのに、けんじゅうに関《かん》する[　　　　]な知識《ちしき》を持《も》っている。

ことばの意味《いみ》

ア 現状《げんじょう》
現在《げんざい》の様子《ようす》。

イ 足《あし》を運《はこ》ぶ
出《で》かけて行《い》く。たずねて行《い》く。

ウ 各自《かくじ》
めいめい。おのおの。

エ 不慣《ふな》れ
慣《な》れていないこと。

オ 豊富《ほうふ》
豊《ゆた》かで、たくさんあること。

399ページの答《こた》え ウ

198

□に当《あ》てはまることばを、ア～オからひとつずつ選《えら》ぼう。

(1) 入学式《にゅうがくしき》に向《む》けて新《あたら》しい制服《せいふく》を□。

(2) 立《た》ち入《い》り禁止《きんし》の場所《ばしょ》にいた人《ひと》を警官《けいかん》が□。

(3) 力《ちから》を貸《か》してくれた人《ひと》の□必要《ひつよう》がある。

(4) 気《き》が進《すす》まなかったが、説得《せっとく》されて□した。

(5) 体《からだ》は小《ちい》さくても負《ま》けん気《き》は強《つよ》い。□だ。

ことば

ア とがめる　イ あつらえる　ウ 妥協《だきょう》　エ 一寸《いっすん》の虫《むし》にも五分《ごぶ》のたましい　オ 顔《かお》を立《た》てる

400ページの答《こた》え　(1) イ　(2) オ　(3) ア　(4) ウ　(5) エ

まんがでチェック!

□に当《あ》てはまることばを、右《みぎ》ページのア〜オから選《えら》ぼう。

ぬけがけをするつもりだろうと言《い》って□。

ずるいよ コナン君《くん》!!
おまえ こっそり宝《たから》を 一人《ひとり》じめする 気《き》だなーっ!!
フフフ、ボクの目《め》は ごまかせ ませんよ…
だ、だから それは…

さあいえ コナン!!
宝《たから》の場所《ばしょ》への 行《い》き方《かた》を!!
あ、あの…
コナン君《くん》!!

ことばの意味《いみ》

ア とがめる
欠点《けってん》やあやまちを責《せ》める。あやしんでたずねる。

イ あつらえる
たのんで自分《じぶん》の思《おも》うように作《つく》らせる。

ウ 妥協《だきょう》
対立《たいりつ》している者《もの》の一方《いっぽう》または両方《りょうほう》がゆずることで、対立《たいりつ》を解消《かいしょう》すること。

エ 一寸《いっすん》の虫《むし》にも五分《ごぶ》のたましい
どんなに小《ちい》さく弱《よわ》いものでもそれなりに考《かん》えや意地《いじ》があるからばかにはできない。

オ 顔《かお》を立《た》てる
人《ひと》の名《めい》よを傷《きず》つけないようにする。

401ページの答《こた》え オ

199

□に当《あ》てはまることばを、ア〜オからひとつずつ選《えら》ぼう。

(1) よっぱらいが□で歩《ある》く。

(2) 書類《しょるい》が□で受《う》けつけられない。

(3) ことの重大《じゅうだい》さに気《き》づいて□。

(4) 自分《じぶん》の立場《たちば》を考《かんが》えずに、□お願《ねが》いをする人《ひと》だ。

(5) かれは□した言動《げんどう》で信《しん》らいされている。

ことば

ア 千鳥足《ちどりあし》　イ 首尾一貫《しゅびいっかん》　ウ 厚《あつ》かましい

エ 不十分《ふじゅうぶん》　オ おじけづく

まんがでチェック！

［　］に当《あ》てはまることばを、右《みぎ》ページのア〜オから選《えら》ぼう。

気味《きみ》の悪《わる》い風《かぜ》の音《おと》に［　　］。

ことばの意味《いみ》

ア 千鳥足《ちどりあし》
酒《さけ》によって、よろよろと歩《ある》く足取《あしど》り。

イ 首尾一貫《しゅびいっかん》
始《はじ》めから終《お》わりまで、考《かんが》え方《かた》や行《おこな》いなどの筋道《すじみち》が通《とお》っていること。

ウ 厚《あつ》かましい
はじ知《し》らずで、ずうずうしい。

エ 不十分《ふじゅうぶん》
満足《まんぞく》できない様子《ようす》。足《た》りない様子《ようす》。

オ おじけづく
こわがってしりごみする気持《きも》ちになる。びくびくする。

403ページの答《こた》え　ア

200

□に当《あ》てはまることばを、ア～オからひとつずつ選《えら》ぼう。

(1) 年《とし》の初《はじ》めに今年《ことし》の□を立《た》てる。

(2) 難《むずか》しいようで□簡単《かんたん》かもしれない。

(3) 忠告《ちゅうこく》しても□で、改《あらた》める様子《ようす》がない。

(4) 人《ひと》を愛《あい》することを□することはできない。

(5) 計画《けいかく》に無理《むり》があったから□ことにする。

ことば

ア 案外《あんがい》
イ ちかい
ウ 白紙《はくし》にもどす
エ 強制《きょうせい》
オ 馬耳東風《ばじとうふう》

404ページの答《こた》え　(1) ア　(2) エ　(3) オ　(4) ウ　(5) イ

まんがでチェック!

□に当《あ》てはまることばを、右《みぎ》ページのア〜オから選《えら》ぼう。

最後《さいご》まであきらめないという□を立《た》てる。

ことばの意味《いみ》

ア 案外《あんがい》
思《おも》っていたこととちがうこと。

イ ちかい
誓《ちか》うこと。約束《やくそく》。かたい決心《けっしん》。

ウ 白紙《はくし》にもどす
今《いま》までのことはなかったことにして、元《もと》の状態《じょうたい》にする。

エ 強制《きょうせい》
無理《むり》におしつけてさせること。無理《むり》じい。

オ 馬耳東風《ばじとうふう》
人《ひと》の意見《いけん》や注意《ちゅうい》などを気《き》にとめないで、聞《き》き流《なが》すこと。

405ページの答《こた》え　オ

さくいん

あ

愛《あい》きょう……8
愛護《あいご》……50
相性《あいしょう》……104
愛着《あいちゃく》……48
相《あい》づちを打《う》つ……152
あいにく……232
相棒《あいぼう》……194
合間《あいま》……80
あえぐ……264
あおる……294
あがめる……292
あからさま……352
あき足《た》りない……98
悪事千里《あくじせんり》を走《はし》る……394
アクティブ……282
悪用《あくよう》……52
あげ足《あし》を取《と》る……386
あげくの果《は》て……288
明《あ》け暮《く》れる……244
あごで使《つか》う……216
あさはか……142
あさましい……60
あざむく……188
あざやか……396
足《あし》が棒《ぼう》になる……218
足手《あしで》まとい……256
足並《あしな》み……378
足元《あしもと》を見《み》る……298
足《あし》を運《はこ》ぶ……400
足《あし》を引《ひ》っ張《ば》る……362
あたかも……28
頭《あたま》が上《あ》がらない……236
頭《あたま》が下《さ》がる……110
頭《あたま》ごなし……250
頭《あたま》を冷《ひ》やす……326
厚《あつ》かましい……404
圧巻《あっかん》……344
あっけにとられる……138
アップデート……358
あつらえる……402
当《あ》てつけ……8
後《あと》ずさり……390
後《あと》の祭《まつ》り……364
後《あと》は野《の》となれ山《やま》となれ……338
穴《あな》があったら入《はい》りたい……176
あながち……338
あなどる……240
あぶはち取《と》らず……398
油《あぶら》を売《う》る……148
油《あぶら》をしぼる……206
あぶれる……160
雨降《あめふ》って地固《じかた》まる……12
あやふや……222
あらかじめ……102
改《あらた》める……128
あらわ……186
ありありと……298
ありきたり……258
ありふれた……104
あわい……182
あわただしい……40
あわや……84
あわよくば……152
あわを食《く》う……118
案外《あんがい》……406
案《あん》じる……142
案《あん》ずるより産《う》むがやすし……284
案《あん》の定《じょう》……282

い

威圧《いあつ》……326
言《い》いのがれ……184
言《い》い放《はな》つ……144
言《い》うまでもない……348
意外《いがい》……230
いかにも……352
いかめしい……338
いかんなく……252
異議《いぎ》……10
行《い》き当《あ》たりばったり……340
意気《いき》ごむ……364
意気投合《いきとうごう》……166
いきどおる……298
息《いき》ぬき……342
息《いき》を殺《ころ》す……88
息《いき》をのむ……288
異口同音《いくどうおん》……354
以降《いこう》……228
いこじ……362
いざこざ……24
いささか……308
いさめる……172
石《いし》の上《うえ》にも三年《さんねん》……370
石橋《いしばし》をたたいてわたる……380
異色《いしょく》……358
以心伝心《いしんでんしん》……256
いずれ……112
依然《いぜん》として……186
急《いそ》がば回《まわ》れ……208
痛々《いたいた》しい……146
痛《いた》い目《め》にあう……120
いたちごっこ……256
板《いた》につく……222
至《いた》る……274
一《いち》か八《ばち》か……124
一丸《いちがん》となる……272
一期一会《いちごいちえ》……226
一日千秋《いちじつせんしゅう》……362
著《いちじる》しい……334
いちず……300
一念発起《いちねんほっき》……232
一部始終《いちぶしじゅう》……374
一《いち》も二《に》もなく……398
一躍《いちやく》……350
一挙両得《いっきょりょうとく》……108
一見《いっけん》……356
いっさい……388
一触即発《いっしょくそくはつ》……190
一進一退《いっしんいったい》……320
一心同体《いっしんどうたい》……182
一心不乱《いっしんふらん》……106
一寸《いっすん》の虫《むし》にも五分《ごぶ》のたましい……402
一石二鳥《いっせきにちょう》……380
一朝一夕《いっちょういっせき》……386
一長一短《いっちょういったん》……166
一刀両断《いっとうりょうだん》……384
いつになく……54

406ページの答《こた》え　(1) イ　(2) ア　(3) オ　(4) エ　(5) ウ

407ページの答《こた》え　イ

気《き》が散《ち》る …… 94
気候《きこう》 …… 82
聞《き》こえよがし …… 274
ぎこちない …… 36
きざし …… 64
起死回生《きしかいせい》 …… 334
気質《きしつ》 …… 356
きしむ …… 50
基準《きじゅん》 …… 92
起床《きしょう》 …… 312
起承転結《きしょうてんけつ》 …… 22
奇想天外《きそうてんがい》 …… 44
きちょうめん …… 222
喜怒哀楽《きどあいらく》 …… 106
軌道《きどう》に乗《の》る …… 372
奇抜《きばつ》 …… 372
きびきび …… 162
気《き》まぐれ …… 50
気《き》まずい …… 280
気《き》まま …… 30
きもにめいじる …… 86
きもをつぶす …… 268
気休《きやす》め …… 20
キャリア …… 214
キャンセル …… 250
急激《きゅうげき》 …… 204
九死《きゅうし》に一生《いっしょう》を得《え》る …… 370
急転直下《きゅうてんちょっか》 …… 256
休養《きゅうよう》 …… 174
強制《きょうせい》 …… 406
仰天《ぎょうてん》する …… 180
協同《きょうどう》 …… 152
極端《きょくたん》 …… 164
漁夫《ぎょふ》の利《り》 …… 354
切《き》り上《あ》げる …… 262
切《き》りぬける …… 252
議論《ぎろん》 …… 8
きわどい …… 254
きわめて …… 302
気《き》をぬく …… 196
気《き》をもむ …… 108
緊急《きんきゅう》 …… 158
均等《きんとう》 …… 160
吟味《ぎんみ》 …… 156

く

くい …… 318
くぎをさす …… 392
具体的《ぐたいてき》 …… 388
口裏《くちうら》を合《あ》わせる …… 356
口《くち》が重《おも》い …… 302
口数《くちかず》 …… 270
口《くち》ぐせ …… 172
口《くち》ごもる …… 324
口火《くちび》を切《き》る …… 232
口下手《くちべた》 …… 374
口約束《くちやくそく》 …… 54
口調《くちょう》 …… 300
ぐちをこぼす …… 336
口《くち》をそろえる …… 242
口《くち》をとがらせる …… 342
くつがえる …… 316
くっきり …… 116
屈辱《くつじょく》 …… 150
食《く》ってかかる …… 212
くどい …… 396
苦杯《くはい》をなめる …… 296
首《くび》をつっこむ …… 246
首《くび》を長《なが》くする …… 306
くまなく …… 24
雲行《くもゆ》きがあやしい …… 178
くり上《あ》げる …… 170
くり下《さ》げる …… 12
苦《くる》しまぎれ …… 206
クレーム …… 108
くれぐれも …… 210
くろうと …… 12
グローバル …… 122
くわだてる …… 110

け

ケア …… 392
軽快《けいかい》 …… 80
警戒《けいかい》 …… 170
傾向《けいこう》 …… 32
継続《けいぞく》 …… 176
けがの功名《こうみょう》 …… 88
激高《げきこう》 …… 166
けげん …… 320
下旬《げじゅん》 …… 326
けたちがい …… 8
結束《けっそく》 …… 104
けなす …… 200
けむに巻《ま》く …… 374
けりがつく …… 248
険悪《けんあく》 …… 374
原作《げんさく》 …… 234
原始《げんし》 …… 350
現象《げんしょう》 …… 74
現状《げんじょう》 …… 400
けんそん …… 296
限定《げんてい》 …… 388
現《げん》に …… 230
現物《げんぶつ》 …… 96
賢明《けんめい》 …… 284

こ

好意《こうい》 …… 362
厚意《こうい》 …… 178
貢献《こうけん》 …… 240
交互《こうご》 …… 286
交渉《こうしょう》 …… 294
構成《こうせい》 …… 114
好転《こうてん》 …… 154
公表《こうひょう》 …… 40
弘法《こうぼう》にも筆《ふで》の誤《あやま》り …… 60
考慮《こうりょ》 …… 58
恒例《こうれい》 …… 134
業《ごう》をにやす …… 278
告白《こくはく》 …… 124
心当《こころあ》たり …… 120
心《こころ》がける …… 318
心残《こころのこ》り …… 314
心《こころ》をうばわれる …… 258
古今東西《ここんとうざい》 …… 14
こしが低《ひく》い …… 142
こじつけ …… 282
五十歩百歩《ごじっぽひゃっぽ》 …… 72
こじれる …… 268
こしをぬかす …… 48
コスト …… 84
国境《こっきょう》 …… 128
ことごとく …… 16
ことさら …… 200
異《こと》なる …… 290
言葉《ことば》をにごす …… 92
小春日和《こはるびより》 …… 118
小耳《こみみ》にはさむ …… 48
コミュニケーション …… 114
娯楽《ごらく》 …… 112

コラボレーション……292
五里霧中《ごりむちゅう》……98
こわばる……226
根拠《こんきょ》……258
言語道断《ごんごどうだん》……100
困難《こんなん》……46

さ

再三再四《さいさんさいし》……188
細心《さいしん》……122
最新《さいしん》……392
さえぎる……90
栄《さか》える……324
さかのぼる……20
割《さ》く……242
ささい……336
差《さ》し引《ひ》き……202
さじを投《な》げる……396
さずける……154
サステイナブル……288
定《さだ》か……56
定《さだ》める……336
座談《ざだん》……64
錯覚《さっかく》……152
察《さっ》する……150
さっそう……394
さとす……280
さとる……192
さながら……128
差別《さべつ》……96
さほど……220
さまたげる……16
寒々《さむざむ》……210
ざわめく……206
さわらぬ神《かみ》にたたりなし……84
三人寄《さんにんよ》れば文殊《もんじゅ》の知恵《ちえ》……390

し

しいて……368
しいる……132
シェア……192
ジェネレーション……324
自我《じが》……216
自覚《じかく》……224
自画自賛《じがじさん》……12
至急《しきゅう》……180
自給自足《じきゅうじそく》……366
しきりに……326
至近《しきん》……168
四苦八苦《しくはっく》……148
しげしげ……64
自己《じこ》……238
試行錯誤《しこうさくご》……168
自業自得《じごうじとく》……52
しこり……274
支持《しじ》……376
事実無根《じじつむこん》……248
したう……198
したたる……156
舌《した》つづみを打《う》つ……54
舌《した》を巻《ま》く……358
じだんだをふむ……20
シチュエーション……132
実《じつ》は……318
失敗《しっぱい》は成功《せいこう》のもと……26
失望《しつぼう》……278
実話《じつわ》……192
指摘《してき》……352
思念《しねん》……196
しのぎをけずる……144
しのぐ……276
しばしば……50
しぶる……150
しみじみ……234
仕向《しむ》ける……34
自滅《じめつ》……108
四面楚歌《しめんそか》……272
弱点《じゃくてん》……126
弱肉強食《じゃくにくきょうしょく》……116
若干《じゃっかん》……26
周囲《しゅうい》……344
重視《じゅうし》……46
自由自在《じゆうじざい》……10
充実《じゅうじつ》……290
収拾《しゅうしゅう》……190
修正《しゅうせい》……198
集中《しゅうちゅう》……34
十人十色《じゅうにんといろ》……332
主題《しゅだい》……276
出身《しゅっしん》……168
朱《しゅ》に交《まじ》われば赤《あか》くなる……106
首尾一貫《しゅびいっかん》……404
需要《じゅよう》……312
純粋《じゅんすい》……94
順調《じゅんちょう》……42
情《じょう》……180
状況《じょうきょう》……286
消極的《しょうきょくてき》……36
上旬《じょうじゅん》……88
焦点《しょうてん》……164
省略《しょうりゃく》……206
上流《じょうりゅう》……138
助言《じょげん》……112
初歩《しょほ》……294
処理《しょり》……278
白々《しらじら》しい……160
知《し》らぬが仏《ほとけ》……62
白羽《しらは》の矢《や》が立《た》つ……142
白《しら》を切《き》る……66
しり切《き》れとんぼ……298
しりごみ……372
しりに火《ひ》がつく……218
白《しろ》い歯《は》を見《み》せる……96
白《しろ》い目《め》で見《み》る……346
しろうと……154
心機一転《しんきいってん》……328
人事《じんじ》をつくして天命《てんめい》を待《ま》つ……68
信頼《しんらい》……188

す

ずうずうしい……174
すかさず……72
すがすがしい……202
好《す》きこそ物《もの》の上手《じょうず》なれ……118
少《すく》なくとも……250
ずけずけ……320
すずめのなみだ……22
すずめ百《ひゃく》までおどり忘《わす》れず……316
すたれる……28
スタンス……44
すでに……238
砂《すな》をかむよう……38
図《ず》に乗《の》る……296
住《す》めば都《みやこ》……52
ずれ……260
寸前《すんぜん》……300

せ

誠実《せいじつ》……334
正常《せいじょう》……68

手《て》にあせをにぎる……86
手《て》にあまる……100
手放《てばな》す……320
手前《てまえ》みそ……162
手短《てみじか》……38
手《て》も足《あし》も出《で》ない……132
デリケート……20
手《て》をぬく……284
手《て》を焼《や》く……62
てんぐになる……322
典型的《てんけいてき》……330
電光石火《でんこうせっか》……242
てんてこまい……74
天《てん》にものぼる心地《ここち》……130
天然《てんねん》……170
天《てん》びんにかける……360

と

頭角《とうかく》を現《あらわ》す……116
灯台《とうだい》もと暗《くら》し……324
貴《とうと》い……372
堂々《どうどう》めぐり……328
等分《とうぶん》……126
同様《どうよう》……146
遠回《とおまわ》し……42
とがめる……402
時《とき》は金《かね》なり……48
ときめく……68
特色《とくしょく》……172
とげる……42
とぼしい……342
とまどう……260
ともなう……140
取《と》らぬたぬきの皮算用《かわざんよう》……94
とらの威《い》を借《か》るきつね……202
トラブル……360
とらわれる……294
取《と》りつく島《しま》もない……44
とりとめのない……88
取《と》るに足《た》りない……130
どんぐりの背比《せいくら》べ……100
飛《と》んで火《ひ》に入《い》る夏《なつ》の虫《むし》……290

な

内心《ないしん》……24
内密《ないみつ》……100
長《なが》い目《め》で見《み》る……250
鳴《な》かず飛《と》ばず……10
仲立《なかだ》ち……370
半《なか》ば……74
泣《な》き面《つら》にはち……284
なげく……340
和《なご》やか……268
なじむ……132
何食《なにく》わぬ顔《かお》……254
生々《なまなま》しい……282
並《なみ》……78
なみだぐましい……138
なみだをのむ……186
成《な》り立《た》ち……160
成《な》り行《ゆ》き……386
難局《なんきょく》……134

に

ニーズ……242
二階《にかい》から目薬《めぐすり》……180
にげごし……368
二束三文《にそくさんもん》……10
似《に》たり寄《よ》ったり……292
日常《にちじょう》……340
日没《にちぼつ》……332
日進月歩《にっしんげっぽ》……272
二《に》の足《あし》をふむ……26
二《に》の舞《まい》……182
にもかかわらず……184
ニュアンス……232
認識《にんしき》……70
認知《にんち》……254

ぬ

ぬかにくぎ……226
ぬくもり……176
ぬれぎぬを着《き》せられる……224
ぬれ手《て》にあわ……336

ね

ね返《がえ》る……202
ネガティブ……246
ねぎらう……112
ねこの手《て》も借《か》りたい……386
ねこの額《ひたい》……118
ねこもしゃくしも……196
ねこをかぶる……166
ねじふせる……226
ネットワーク……338
根《ね》ほり葉《は》ほり……228
ね耳《みみ》に水《みず》……14
根《ね》も葉《は》もない……272
音《ね》を上《あ》げる……230
念願《ねんがん》……330
念《ねん》じる……46

の

能《のう》あるたかはつめをかくす……136
納税《のうぜい》……154
のがれる……32
のどか……290
のどから手《て》が出《で》る……300
のど元《もと》過《す》ぎれば熱《あつ》さを忘《わす》れる……110
延《の》べ……248
のれんにうでおし……156
ノンフィクション……36

は

把握《はあく》……230
背水《はいすい》の陣《じん》……376
歯《は》が立《た》たない……82
博愛《はくあい》……98
白紙《はくし》にもどす……406
拍車《はくしゃ》をかける……90
漠然《ばくぜん》……130
はぐらかす……100
派遣《はけん》……68
はしたない……270
馬耳東風《ばじとうふう》……406
はしにも棒《ぼう》にもかからない……274
はずかしめる……232
パターン……236
旗色《はたいろ》が悪《わる》い……102
発揮《はっき》……18
発言《はつげん》……304
初春《はつはる》……196
八方美人《はっぽうびじん》……366
はで……138
鼻《はな》が高《たか》い……78
鼻《はな》にかける……252
はなやか……178
はなやぐ……326
はにかむ……14
歯《は》の根《ね》が合《あ》わない……28

はばむ …… 198
早《はや》起《お》きは三文《さんもん》の徳《とく》 …… 394
腹《はら》が黒《くろ》い …… 24
パラダイス …… 204
腹《はら》の虫《むし》が治《おさ》まらない …… 122
腹《はら》を割《わ》る …… 328
バランス …… 230
張《は》り飛《と》ばす …… 130
半信半疑《はんしんはんぎ》 …… 104
反応《はんのう》 …… 72

ひ

ひかえ …… 200
ひけらかす …… 126
日《ひ》ごろ …… 222
ひざを交《まじ》える …… 124
ひしめく …… 72
ひそか …… 136
ひたむき …… 220
美談《びだん》 …… 208
必然《ひつぜん》 …… 58
匹敵《ひってき》 …… 206
否定《ひてい》 …… 346
ひときわ …… 274
一筋《ひとすじ》なわ …… 260
人《ひと》づて …… 302
人《ひと》のうわさも七十五日《しちじゅうごにち》 …… 272
ひとみ …… 362
非難《ひなん》 …… 148
火《ひ》に油《あぶら》を注《そそ》ぐ …… 188
皮肉《ひにく》 …… 244
ひねくれる …… 194
非《ひ》の打《う》ちどころがない …… 190
火《ひ》のついたよう …… 88
冷《ひ》やかす …… 78
百聞《ひゃくぶん》は一見《いっけん》にしかず …… 224
百発百中《ひゃっぱつひゃくちゅう》 …… 254
冷《ひ》ややか …… 66
評価《ひょうか》 …… 218
描写《びょうしゃ》 …… 146
開《ひら》き直《なお》る …… 24
ひるむ …… 42
ひんぱん …… 144

ふ

フィクション …… 388
ふがいない …… 266
不可欠《ふかけつ》 …… 210
付近《ふきん》 …… 176
伏線《ふくせん》 …… 310
ふくろのねずみ …… 158
不言実行《ふげんじっこう》 …… 314
ぶざま …… 16
ふさわしい …… 94
不十分《ふじゅうぶん》 …… 404
不確《ふたし》か …… 380
再《ふたた》び …… 18
ぶたに真珠《しんじゅ》 …… 288
負担《ふたん》 …… 396
復興《ふっこう》 …… 258
ふてくされる …… 290
不慣《ふな》れ …… 400
ふに落《お》ちない …… 134
ふねをこぐ …… 354
ふみとどまる …… 394
不眠不休《ふみんふきゅう》 …… 262
プライド …… 348
プライバシー …… 264
ふるまう …… 246
プロセス …… 138
分担《ぶんたん》 …… 146
分裂《ぶんれつ》 …… 332

へ

平凡《へいぼん》 …… 152
へだたり …… 398
下手《へた》な鉄砲《てっぽう》も数《かず》打《う》ちゃ当《あ》たる …… 140
弁護《べんご》 …… 322

ほ

妨害《ぼうがい》 …… 158
奉仕《ほうし》 …… 208
ぼう然《ぜん》 …… 58
棒《ぼう》にふる …… 342
豊富《ほうふ》 …… 400
抱負《ほうふ》 …… 80
宝物《ほうもつ》 …… 198
ほぐれる …… 292
保護《ほご》 …… 368
ポジティブ …… 172
保障《ほしょう》 …… 92
補足《ほそく》 …… 350
歩調《ほちょう》 …… 316
没頭《ぼっとう》 …… 392
ほてる …… 192
仏《ほとけ》の顔《かお》も三度《さんど》 …… 64
ほどこす …… 70
骨《ほね》が折《お》れる …… 70
ほのか …… 96
ほまれ …… 28
本《ほん》ごしを入《い》れる …… 150
本能《ほんのう》 …… 382
本来《ほんらい》 …… 56

ま

巻物《まきもの》 …… 90
まぎらわしい …… 238
まぎれる …… 390
まくらを高《たか》くする …… 156
まごつく …… 398
誠《まこと》 …… 252
まさか …… 302
まさる …… 114
待《ま》ちかねる …… 294
抹消《まっしょう》 …… 308
まつわる …… 194
待《ま》てば海路《かいろ》のひよりあり …… 228
眼差《まなざ》し …… 360
まぬがれる …… 28
まゆをひそめる …… 286
まれ …… 158
回《まわ》りくどい …… 256
万《まん》が一《いち》 …… 62

み

見返《みかえ》す …… 308
見返《みかえ》り …… 82
見《み》かけ …… 220
身《み》から出《で》たさび …… 174
身代《みが》わり …… 266
見下《みくだ》す …… 58
見《み》こみ …… 196
未熟《みじゅく》 …… 348
見《み》すごす …… 76
水《みず》に流《なが》す …… 394
水《みず》のあわ …… 194
水《みず》を差《さ》す …… 106
見損《みそこ》なう …… 218
未知《みち》 …… 240
道《みち》しるべ …… 162

名探偵コナンの
10才までに覚えたい
難しいことば1000

2018年10月15日　初版第1刷発行
2020年 8 月23日　第10刷発行

原作　青山剛昌
監修　戸谷述夫（共立女子中学高等学校教諭）

発行者　金川 浩
発行所　株式会社　小学館
〒101-8001
東京都千代田区一ツ橋2-3-1
電話　編集 03-3230-5170
販売 03-5281-3555
印刷所　図書印刷株式会社
製本所　牧製本印刷株式会社

ISBN 978-4-09-227198-2

装丁・本文デザイン　高橋久美
編集協力　新村徳之（DAN）
校閲　迫上真夕子、兼古和昌
DTP　昭和ブライト

制作　望月公栄、斉藤陽子
販売　窪 康男
宣伝　野中千織
編集　深味文子（小学館国語辞典編集部）